Dream Analysis
A Practical Handbook
for Psycho-Analysts

夢分析
実践ハンドブック

エラ・シャープ Ella F. Sharpe
松本由起子 訳

勁草書房

ハックナル・トーカード見習い教員センターの教員写真（1912年頃）。校長マキューアンを中心に，白いドレスがエラ・シャープ，左の女性は非常勤で美術を教えていた妹のデイジーだと思われる。ノッティンガム州立公文書館所蔵『ゴールディング・スクラップブック』より。

885年のノッティンガム中心部，セントピーターズスクエア。シャープの父親は右から2軒目の4階建ての1階左部，禁酒カフェ「ザ・トラム・カフェ・タバン」でマネージャーをしており，一家はここで暮らしていた。ノッティンガム州立公文書館所蔵。

ここに出てくる夢を語ってくださったかたたちへ
感謝をこめて

はしがき

彼女は透明な緑の目と，包み込むような眼差しをしていました。

——シルビア・ペイン

エラ・シャープはマホメットの教えにしたがった。山が自分の方にこないのなら，自分が山へ出向こうと。そうして彼女は50代にしてウィーンへと[1]，精神分析を探しに旅立った。1920年代のことである。シャープは若い新参者ではなく，文学と教職という自らの専門において築き上げた地位のある人だった。そして，ハンス・ザックスというフロイトの知的取巻きの中でも抜きんでた非・医師分析家とともに，自らの技法(メチエ)を見いだしたのである。

エラ・シャープは，夢の作業と言語における文法構造が同一の規則であることを認めた最初の人物である。およそ20年の後に，ジャック・ラカン博士が,「無意識は言語のように構造化されている」[2] と述べることになる通りに[3]。さらにエラ・シャープは，夢をメタファーだと，それも精神と身体の

---

1) ［訳注］実際は40代でベルリンに行った。

2) ［訳注］フランス語での引用。“l'inconscient est strcturé comme un language”

3) ［訳注］はしがきの著者であるカーンは，ウィニコットのもと，長く補佐以上であっただろうとも言われる著作補佐を行なったほか，さまざまなエピソードを残した華麗かつ物議をかもす人で，晩年は英国精神分析協会から分析資格を剥奪された。やや大仰な印象のこのはしがきは，シャープとラカンの近似性という，一部はファンタジーでもあるものを，後世に残す種になったと思われる。

コラージュをなすメタファーだと認めたのである。グロデック[4]がよくよく知っていた通りに！

エラ・シャープは，地味ながらもフロイトの明白な相続人であると自ら確信し，自身の長所に絶対の信を置きつつ，同時に無名であったおそらく3人のうちのひとりである。このはしがきの依頼は，わたしにとってたいへんな名誉なことだ。わたしはエラ・シャープの最後の被分析者（アナリザンド）だった。わたしはシャープに敬意を表し，また，その著作を読んだ人がみなそうするであろうことを期待している。

エラ・シャープは言葉はすべて身体から生じるということを気味が悪いほどわかっていただけでなく，さらに身体が精神の出すヒントやその認知的効能を歪曲しうるのと同様に，精神が言葉として作り出すものが身体を欺きうることにも気づいていた。

人は夢を見る唯一の動物として，夢を作りだしそれを語るという必要性と能力をともに有している。人特有の発明であり，人の文化・文明のすべてを生み出してきた言葉の必要はそれゆえなのだ。何世紀ものあいだ，人は夢を見，それを運命的な授かり物あるいは戦利品などと考えてきた。そして19世紀の終わりにかけて，ひとりの男が夢を見，自身の夢を分析した。**フロイト**である。フロイトにはそれが自分の夢であると言ってのける才があり，その夢の意味を厳格に探っていった。神秘主義的解釈学への逃避は，いともたやすいことであったろうに。

言葉は人の特権である。人がダーウィンに言う動物であるとすれば，それ以上のなにものかでもある，すなわち，「人は夢を見る！」と述べることになったのがフロイトだったのである。そしてフロイトは，人がいかに夢を見るか，その文法を説明してみせたのだ。

フロイトのメッセージをここまで明敏にとらえた本は，エラ・シャープの

4）［訳注］フロイトが「エス」の概念を借用したことでも知られるグロデック（Georg Groddeck 1866-1934）は，温泉療養所を営む開業医の息子で，宰相ビスマルクの担当医もした「心身医学の父」。

これ以外まず覚えがない。シャープが我々に示しているのは，数十年のちにラカン博士が示すことになる通り，コールリッジの言葉を借りるなら，言語の文法と夢の作業が一致している（consentient）[5] ことだったのである。

1977年9月
マスード・カーン

5）［訳注］滅多に使われない語。*Biographia Literaria*（『文学的自叙伝』）12章末の「集合させ連合させる能力」と想像力をめぐる議論からの引用。フロイトの死後，英国精神分析協会で生じた「論争（Controversial Discussions）」を踏まえた引用で，本書ではとくに第6章に関わる。*Oxford English Dictionary* は，作家ジョージ・エリオットの事実上の夫で，劇評家としても活動し，科学・哲学にまたがる著作をのこしたルイス（G. H. Lewes）が *The Physical Basis of Mind*（1877）で意識と無意識について論じている4章から，“Psychological observation assured us that the conscious and unconscious states were both consentient, and were both operative in the same degree（心理学的観察によって確かになったのは，意識状態と無意識状態はともに同調しあっており，ともに同等の度合いで機能しているということだ)” という例文をのせているが，こちらも意識した引用だと思われる。

読者へ

本書は，1934年と1936年にロンドンの精神分析協会主催で訓練生を対象に行なわれた「夢」に関する講義を本のかたちにしたものです。したがって，臨床治療に従事する精神分析家に的を絞った講義になっています。本書では，夢の心理学の理論を繰り返すことはせず，一定の知識を前提としています。講義をとる学生に対しては，『夢判断（*The Interpretation of Dreams*）』におけるフロイトの著述に加えて，アーネスト・ジョーンズの『精神分析論集（*Papers on Psycho-Analysis*）』中，「フロイトの夢理論」および「象徴の理論」に関する章が，フロイトの夢に関する著作を最もコンパクトにまとめたものとして推薦されていました。

本書は，神経症患者や正常な人を対象に，わたし自身が行なった分析からえた夢の資料を用いて，夢心理学の理論を詳細に示すもので，その射程は，夢のメカニズムの説明，夢を判断するさまざまの手法，夢解釈の技法にあります。

この機に，本書の出版準備中，絶えず励ましたすけてくださったトレーニング委員会の同僚のみなさまにお礼を申し上げます。1934年および1936年のトレーニング委員会は，委員長がアーネスト・ジョーンズ博士，幹事がエドワード・グラバー博士，委員はシルビア・ペイン博士，ジョン・リックマン博士，クライン夫人，そしてわたしでした。

中でもアーネスト・ジョーンズ博士は，原稿段階で，科学的にも文学的にもたいへん貴重なご批評をくださり，深く感謝しております。

ロンドン，NW1，リージェンツパーク，ケントテラス９番

目　次

凡　例

本文中で患者が夢を語っている部分に関しては，〈　〉で括り，脚注に原文を示した。

第1章　類型的であり個人的でもある精神の産物としての夢

1. 類型的な精神の働きとしての夢
2. 個人的な精神の働きとしての夢。直感，経験的な知，表現は，1つの事実の異なる側面である
3. 未知のものは既知のもののうちに暗示されている。既知のことから未知のことを明かすことが，正当な夢の解釈すべての基底をなす
4. 詩的語法（poetic dictions）の諸原則と，夢のメカニズムからのそれら諸原則の析出，そのような夢の例
5. 言葉の基盤はメタファー[1]である。夢の解釈に役立つこの事実の重要性。その例

夢を見るとは，普遍的に見られる精神の働きであって，未開人にも文明人にも共通するものです。それは生きていることそのものと切り離しえない精神の活動です。というのも，夢をみないただ1つの状態とは死なのですから。夢は目覚めた意識において思い出されないかもしれませんが，生ある限り，地下で行なわれている精神的活動は，わたしたちが生理的な諸々のプロセスに気づかないのと同じように，深い眠りのうちでもやむことはありません。とすれば，夢は人のこころに典型的なありようだと考えることができます。フロイトは，あらゆる夢を作り出すことを司る無意識的な諸法則を圧縮（condensation）・移動（displacement）・象徴化（symbolization）・二次加工（secondary elaboration）と呼びました[2]。夢の形成の任を負うそれら一般的な無

1）［訳注］原語は 'implied metaphor'。シャープの 'metaphor' と 'implied metaphor' の使い分け，および日本語訳との対応については訳者解説を参照。

2）［訳注］原語では Verdichtung, Verschiebung, Symbolik (Symbolismus), sekundäre Bearbeitung。二次加工の 'secondary elaboration' という英訳は，巻頭で参考文献としてあげられた1912年のアーネスト・ジョーンズによるフロイトの夢理論概説（『精神分析論集』）での

意識の諸法則に加えて，フロイトは無意識的精神が，睡眠中に夢の中で願望を表明するやむことのない精神活動の源泉であることを前提としました[3)]。

[4)] 原始的で本能的な自我をコントロールし，かたちづくってゆき，その時代の文明が要求する行動規範に添わせるという，発達の過程で展開した無意識の心的メカニズムを，夢はそのうちに示しています。

したがって，精神の類型的な機能としての夢に関する実用的知識——夢のメカニズムの知識と無意識の象徴に関する理論——が夢分析には欠かせません。この知識は，知的には，先にご推薦した２冊[5)] から獲得することもできるでしょうけれども，情動をともなって確信するには，個人的に精神分析を受けるほかありません。

[6)] では次に，夢の個人的側面について見てみましょう。夢分析を試みるのに必要な知識としては，今お話ししたものに加えて，解釈される夢を見た人に関する具体的な知識も必要です。いかに夢のメカニズムや無意識の象徴や不壊の根源的願望[7)] が類型的なものであろうと，夢は，特定の時期において具体的な環境に対してなされた個人的反応から切り離すことのできない，個々の精神の志向への糸口なのです（夢は個人の文化的環境を指し示す[8)]）。夢生活（dream-life）はそのうちに，わたしたちの本能的欲動や，欲動を馴化し

英訳を踏襲している。のちにフロイトの英訳標準版（スタンダード・エディション）では ‘secondary revision’ と訳される。

3）本章については，訳者が以下，話の切れ目に空白行を挿入した。

4）［訳注］**【夢の類型的側面】** のセクション

5）［訳注］「読者へ」で挙げられている２冊。

6）［訳注］**【夢の個人的側面】** のセクション

7）［訳注］乳幼児期の願望は，生涯，無意識的にはそのままあり続けるというフロイトの基本的テーゼ。

8）J Steward Lincoln: *The Dream in Primitive Cultures*. 1935.［訳注］1978 年の改版時に参考文献表から削除された１冊。

中立化するメカニズムを証明するものであるだけでなく，わたしたちが現に通過してきた具体的経験を証明するものも含んでいるのです。

夢は具体的な経験の貯蔵庫から出てきた個人的な心的産物とみなさなくてはなりませんし，それは夢を見た人が意識においては覚えておらず，知っていることすら知らないものであることも，現にあるのです。最新の夢内容を構成する素材は，ある種の経験から引き出されています。直感的な知とは，すべて経験された知にほかなりません。子どもの遊びが願望と経験の両方を証言するものであるように，夢はいかに意識とかけ離れたものであれ，個人的な経験の表現なのです。わたしはここで「経験」という語を，単に過去に実際に起こったことだけでなく，それらにともなっていた情動の状態・痛み・快感など，身体的感覚まで含むものとして使っています。

その意味で，夢は芸術作品に比すことができるでしょう。芸術家にとっては，忘れ去っている経験もなんらかのかたちでアクセス可能なようで，自身の創造的イマジネーションの一部がかつては知っていたことなのだと意識しないままでも，それらが利用されうるのです。ですから，たとえばレンブラントの絵に特有のある種の光線というのも，忘れられている経験への偏愛のなせるわざと考えることができます。ターナーは，同じような橋を，地理的に遠く離れた地方のあちこちで触発されて描いた風景の中に繰り返し登場させます。この件に光を投じる次の分析例をご覧ください。

ある患者が自分の描いたスケッチをわたしに見せようと持ってきました。それは，見たままに風景を再現したものではないといいます。描かれている森林地帯はたしかに休暇中に楽しんだ風景の再現なのですが，「でも，あの谷にはこんなものはなかったんです」と，スケッチ中央にぽんと置かれた巨大な岩を指さすのです。「これは僕が考え出したものです。現実の風景の中でこんなものはいちども見たことがありませんから」。この分析上のエピソードの12か月後，わたしたちはシリーズものの夢をめぐる作業をしていました。その詳細はここでは必要ありません。シリーズのどの夢にも女性がふたり出てきます。夢の中のその女性たちの意味を探るうちに，患者はとうとうこう言いました。「もちろん，僕が会ったのを覚えている最初の小さな女の子は，4歳の時のことです。同じような歳の子でした。その子のことはなにも覚えていません。嫌いだったというほかは」。そして付け加えます。「長年，あの休みを過ごした場所については考えたことがありませんでした。あそこですごく変わっていることの１つを，今，思い出しました。あの地区には１つぽつんと巨岩があるんです。で，もちろんその町に来た人はみんなそれを見にいくわけです」。

つまり，4歳の時の忘れられていた体験が，なにより先に，絵の中の谷に岩を置くという衝動として出てきていたわけです。このアーティストはなにかを「作り出し」ていたのです。意識的にはその岩を見たことを知らなかったのですから。その後の分析で，その巨岩のことは覚えていたけれども，少女を嫌うようになった情動的経験は忘れ去られていると明らかになりました。

夢というキャンバスに描かれるものも，これと同じように，忘れている過去の要素を含んでいます。忘れられた経験やそれにともなう情動を意識にのぼらせる連想を喚起する手段としてというのが，精神分析のテクニックの中で夢が持つ中心的価値の１つです。

よい分析は自我領域を拡大させます。それは転移の力動を通じて達成される複雑な精神的再適応を含むものです。わたしたちはこの自我領域の拡大を，社会としてのコミュニティの中で，合理的かつ効率的なかたちで本能的衝動（instinctual impulses）に耐え，かつ対処する自我の力の高まりとみなすことができます。それは，無意識的な超自我が緩和される度合いに応じて達成されるのです。

その過程で，夢は過去に生じた具体的な情動の状態やファンタジーとして体験された情動を思い出させてくれるというだけでなく，そういう過去の情動と，分析家に対する感情との関連を見いだす役に立ちます。したがって，自我は，もはや否定したり黙殺したりしなくてよくなった過去を回復することで，自我自身についても他者に対しても強化されるのです。過去は情動的に生き直され理解されることによって同化・克服され，人格は過去の経験を再評価することによってより豊かになります。精神的自我が拡大するだけでなく，身体的能力も高まったり，回復されたり，発達したりします。なかでも性的能力の獲得は，現実世界における最大限の精神的効率という可能性と連動しています。

精神的難聴や大幅な視力の低下などのように，身体自我（body-ego）の機能が損なわれている症例では，精神的恐怖のために聞くことや見ることを否定する必要が生じた具体的状況を指し示す手段として，夢が非常に役に立つとわかりました。そういう夢は，転移状況における過去の反復を見い出す手助けとして計りしれない価値を持ちます。

夢は無意識的精神の無時間性を示しています。夢は現実を特徴づける時間的・空間的要因のいずれも斟酌しません。わたしたちがありとあらゆる活動をするにあたって使う力を供給するエス（Id）[9] のエネルギーの貯蔵庫は，時間も空間も認識しないのです。わたしたちの本質的な生は，死を知りません。それゆえ，精神生活がうまく調整されている人たちは，たいへん高齢でもバイタリティがあるわけです。反面，調整がうまくいっていないと，発達初期段階での精神的固着が，無時間的かつ遍在的なものになってしまいます。ここでも夢は，どの発達段階のどの種の固着によって精神が縛られているのか，双方を明らかにする分析治療上の便利な手段です。

それでは，個人の経験における具体的な波乱や変遷を理解する手段としての夢の考察から，この本が射程とする本題に戻りましょう。

この本では，たとえ1つの夢に1章を費やす場合でも [10]，夢を完全に解釈することはしません。また，ここで扱う夢は，1回の分析セッションの中でわたしが患者から直接聞いた実在の素材に限定するというきびしい縛りをかけることにします。平凡な分析作業の流れから出てきた素材を例としてお示

9）［訳注］フロイトが1923年に「自我とエス（Das Ich und das Es）」で導入したEsの英訳。自我（ego）・超自我（super-ego）・エス（Id）という区分を用いる，いわゆる「第2局所論」の用語。

10）［訳注］第5章のこと。

ししたいからです。そうした平凡な回も，有能な分析者なら誰もが期待してよいさまざまの意味や発見に満ちているでしょうし，また同じくらい重要で理解しておくべきこととして，曖昧さにも満ちているでしょう。それは心的パターンを読みといてゆくうえで避けられないものです。

分析の中では，無意識的なこころの知ることを自我を通じて同化する，それが精神的プロセスの本質にあたる部分だと言えるでしょう。正当な解釈が必然的にともなう大原則は，未知を明らかにすることであり，それは既知のことのうちに示されていたものであって，その人個人についてなのです。この原則は，ほんものの夢分析すべてに通じるものです。

[11] 既知のことが暗示する未知を明らかにするという原則に沿って進むにあたって，わたしは夢のメカニズムというテーマに，ひろく知られている詩的語法の諸特徴という手段でアプローチすることを提案します。

そもそも，詩的語法の法則とは，詩人からよい詩を引き出そうという目的をもって批評家がひねり出したものではありません。それは，詩そのものを知的かつ批判的に吟味するうちに，形式化・コード化されたものです。それらの法則は，最良の韻文にもともと備わっている内在的な法ですから，前意識と無意識の活動の最も緊密な協力の産物とみなすことができるでしょう。「紅雀のごとく，うたわずにはいられない歌，吹かずにはいられない笛なのだ（I sing but as the linnets may and pipe because I must.）」[12]。すぐれた詩を批評することで進化してきた詩的語法の諸法則と，フロイトによって発見された夢形成の諸法則とは，同一の無意識的源泉から生じたもので，多くのメカニズムを共有しています。

11）［訳注］**【詩的語法（POETIC DICTION）】**のセクション。

12）［訳注］オリジナルは以下の通り。

I do but sing because I must,　　うたはずにはゐられない歌なのだ。
And pipe but as the linnets sing　　吹かずにゐられない草笛の音は
テニスン「イン・メモリアム」より入江直祐訳。

詩的語法は「単純にして官能的かつ情熱的」（ミルトン）でなくてはなりません[13]。というのも詩人のなすべきは経験を伝えることなのですから。詩人にとって伝達の基本的手段は音，そして音にともなう形象（imagery）喚起力です。そのために，詩的語法は事実の列挙よりも絵画的形象を好み，一般的な語を避けて具体的な語を採ります。また，冗長を嫌い接続詞や関係代名詞は可能な限り使いません。句は形容辞ですませます。そのような手を使って，詩は耳と目にアピールし，生きたキャンバスになるのです。

[14] 詩的語法の中でも最も単純な文彩は，シミリと呼ばれるものです（ちなみに「文彩（figure of speech)」という言い回しにご注意ください。のちほど，講義の中でメタファーに触れますので)。シミリとは，２つの異なるものを共通の属性によって等置することで，相似性は「のような・ノ通り（as)」とか「みたいな・如ク（like)」といった語で表現されます。

彼ノ女ノ眼ハ美ナル麻花ノ通リ青ク
彼女ノ頬ハ日ノ曉ノ如ク
而シテ彼女ノ胸ハ山樝ノ蕾ノ通リ白クアリシ
三月ニ於テ開ク所ノ[15]

Blue were her eyes as the fairy flax,
Her cheeks like the dawn of day,

13）Bradley and Seeley. *English Lessons for English People*.［訳注］この書誌情報はシャープの誤記。実際は Abbott, E. A. が 1871 年に Seeley, Jackson & Co. から刊行した同名の本，またはその増刷 / 改訂版。アボットは有名男子校 City of London School の校長で，この本は国語教員向けの教科書。なお，シャープは元国語教員。

14）［訳注］**【シミリ（SIMILE，直喩）とメタファー（METAPHOR，隠喩】**のセクション。

15）［訳注］ロングフェロー「ヘスペラス号の難破」より中村英吉・林十次郎訳。翻訳の語順を一部入れ替えている。(http://kindai.ndl.go.jp/info:ndljp/pid/871069/18?tocOpened=1)

And her bosom white as the hawthorn buds
That ope in the month of May.

関係性の相似もシミリで表されることがあります。たとえば「船が海に航跡をきざむように，鍬は土を耕す（The plough turns up the land as the ship furrows the sea.)」といった風に。圧縮されたシミリはメタファーと呼ばれ，そこでは「のような」や「みたいな」という語が省略されます。一対のものから別の対へと，関係性の移し替え（a transference of relationship）が，たとえば「船が海を耕す（The ship ploughs the sea)」といった風になされることもあります。

ここでは，当面，夢形成の理論における真の象徴化とは何かという大きな問題は脇に置いて，詩的語法においてシミリとメタファーとして知られるところだけを考えてみましょう。まず，この文彩をごく簡潔に示す夢をご紹介します。シミリとメタファーが，夢の中にも，そして夢を見た人が夢内容を詳しく述べる際にも見られます。

〈わたしはコンサートの席にいたのですが，でも，コンサートは食べ物を与えられているようでもありました。なぜか目の前を音楽が絵のように流れていくのが見えました。この音楽の絵が，夜の船のように通り過ぎていくんです。2種類，絵があって，やんわり丸い頂上をした白い山々と，それに続いて，高い，尖った山々でした〉[16)]。

この夢には，まずシミリがあります。「コンサートは食べ物を与えられているよう（like a feeding）でもありました」，「音楽が絵のように（like pictures）流れていく」。また，「夜の海ゆく船たちは行きちがいつつ語るな

---

16)［訳注］*"I was at a concert and yet the concert was like a feeding. I could somehow see the music pass before my eyes like pictures. The music pictures passed like ships in the night. There were two sorts of pictures, white mountains with softly rounded tops, and others following them were tall and pointed."*

り」[17] というコンテクストにはメタファーが含まれています。船は人を意味し（彼らは話すのです），この夢を見た人も，はっきりは言及しませんでしたがこれを知っています。

１箇所だけ，夢の解釈の助けとして，無意識的象徴化をめぐる知識に訴える必要があります。柔らかく丸い山々と尖った山々というところです[18]。それ以外はシミリとメタファーで語られています。

この夢について，ほかにいくつか単純な事実を指摘しておきたいと思います。というのも単純なことは，それにもかかわらず意味深いものですし，明白なことほど見過ごされやすいからです。まず最初に，この夢は複数の実際にした経験を証言するものです。つまり，絵か風景の中で丸い山々と尖った山々を実際に見たこと，そして，最初にそういう光景を見た時，この観察者によってなされた現実における乳房とペニスの目撃との関連付けとをです。第２に，この夢は夜中に食べ物をもらいたいという子どもの欲望と，父親のペニスを見て，それもまた食事を与える場所だと考えた子どものファンタジーの証拠になるものです。「夜の海ゆく船たちは行きちがいつつ語るなり」と。ですから夢の願望はこう読めます。偉大な両親は夜の船のように互いに仲がよい。そして双方から潤沢に供給を受けるこの子どもは安全であると。この夢の辛辣さは，現実には夢を見た人が愛する人の死という喪失に苦しんでいたことです。その喪失が幼児期の欲求不満と欲望の深みに達するところまで記憶を掻きまわしたのです。また，充たされない口唇的欲求を昇華する可能性をもつものとして，無意識的に選択された音楽の重要性にも注意してください。それはある詩人によってこう表現されています。

音楽が愛の糧であるなら，つづけてくれ[19]。

17）［訳注］“Ships that pass in the night and speak each other in passing.” ロングフェロー,「路傍の宿屋の話」より西条八十訳。

18）［訳注］それぞれ乳房とペニスの類型的象徴。

19）［訳注］“If music be the food of love play on.” シェイクスピア『十二夜』冒頭のセリフ。

[20] 次に，詩的語法が用いる趣向として，擬人法と呼ばれる，人に関する陳述の無生物への転移に話を移しましょう。詩的語法では「さざめく小川」とか「歎く樫」,「眉をひそめる山」など，人間以外のものに人の行為を転移させるフレーズを使います。詩的語法におけるこの趣向は，夢における無意識のメカニズムから生じたものです。というのも，夢に出てくる流れる小川は，連想を行なってみれば，尿の流れと会話の流れの双方を示唆するでしょうから。夢の中の樹木には，しばしば人間的特性が移し置かれます。夢見た人が特定の木を選んでいる場合，それは夢の目的にかなっていることでしょう。かつて海辺で見たことのある人を，夢の中で表すのに「月桂樹（bay trees[21]）」や「ブナの木（beech trees[22]）」が使われていたこともありました。「イチイ（yew[23]）」の木が，分析家の無意識的イマーゴ（you）の転移を表していたこともあります。また「松（pine）」の木が，その木で表現される人への無意識的思慕を示していたこと[24]もあれば,「白樺の木（birch tree)」が罰する両親のイメージであったり[25],「欧州アカマツ（Scotch fir)」が両親の国籍だけでなく，両親の体毛を見てそれを無意識に毛皮になぞらえたという抑圧されていた経験まで示していた[26]こともあります。

[27] 詩的語法としてのメトニミーは，字義的には「名前の変更」を意味します。この語法では，あるモノに常々あるいはたまたまにでも結びつけられている呼び名が，そのモノ自体を指すのに使われます。たとえばわたしたち

20）［訳注］**【擬人法（PERSONAL METAPHOR)】**のセクション。
21）［訳注］「湾，入江」の 'bay' と同音。
22）［訳注］「渚」の意の 'beach' と同音。
23）［訳注］'yew' は 'you' と同音。
24）［訳注］同音の動詞 'pine'（恋い焦がれる）から。
25）［訳注］'birch' は「（樺の）鞭打ち」も意味する。
26）［訳注］'Scotch'（スコットランドの）と，'fir'（毛皮）から。
27）［訳注］**【メトニミー（METONYMY，換喩)】**のセクション。

は法曹界の仕事を「the bar」とか「the bench」と呼んでいますよね[28]。こういう例はいくらでもあって，ほかにも「Woolsack（上院議長（職））[29]」，「the Chair（議長）[30]」，「the Crown（王）[31]」などと言います。メトニミーは言葉の経済性に貢献し，同時に絵画的イメージを喚起するのです。夢のメカニズムにおいては，メトニミーは検閲の作業を助けます。というのも潜在内容においてはモノ自体が問題であるだろうところでも，顕在内容においてはそのモノにかかわる別のモノを問題にしておくことができるからです[32]。〈**食器棚から絹の切れ端を出して，それをずたずたにする**〉[33]という夢では，絹は，絹自体としてはなんら重要な連想を喚起しませんでしたけれども，「take silk」というフレーズになると真に感情的な理解をもたらしました。「take silk」はメトニミーの語法で「弁護士資格をとる[34]」，すなわち弁護士になることを意味しますから。この夢が持つ第1の，より表面的な意味は，夢を見た人が自身の職業に対して持つ嫌悪ですが，さらに分析を進めると弁護士である父親に対する抑圧された敵意が明らかになりました。メトニミーの例をもう1つ挙げましょう。夢を見た人は，夢の中で〈**赤ちゃんが出産されたばかりだ。その顔の上のほうが鉛のような色**（slatey-coloured）**だ**〉[35]と考えていたようでした。この最後の部分のせいで，夢の中ではかなりの不安が感じられました。直近の連想は，婦人科の作業にかかわる経験でしたが，べつだん情動は喚起されませんでした。感情が大きく動いたのは「slatey-coloured」というのが，実際の経験に関してはなにより石板（slates）を連想

28）［訳注］法廷の「手摺（bar）」と，判事用の「ベンチ (bench)」から。
29）［訳注］羊毛を詰めた上院議長用の椅子から。
30）［訳注］「椅子」から。
31）［訳注］「冠」から。
32）［訳注］認知言語学でいう，認知ドメインのプロファイルとベースの関係に相当。
33）［訳注］*“I take a piece of silk from a cupboard and destroy it”*
34）［訳注］絹の着用が許された勅撰弁護人（King's/Queen's Counsel）の地位を指したことから。
35）［訳注］*“a baby had just been delivered. The top part of its face was slatey-coloured.”*

させる（つまりメトニミーである）という単純な事実に気づいた時でした。「石板」は，人形を埋葬したことと，その墓石として建てた石板を思い出させました。この想起には情動の爆発がともない，前述の記憶に加えて，患者が生まれる前に母親が亡くしたふたりの子どもの墓石と母親の子宮に関する患者のファンタジーが想起されると，それまで気づかなかった夢の願望が明らかになりました。

もう１つのメトニミーのありふれた例は「テーブル」という語を使うことです。わたしたちは「よいテーブル（good table[36]）」の人だなどと言いますが，実際はテーブルではなく食べ物を指しているわけです。いったん象徴化の問題を脇に置いたとしても，ごく普通の言葉の使い方を知っていれば，夢に出てくるテーブルが少なくとも食べ物に関係していると正しく推測することはできるでしょう。はじめて食べ物を出したテーブルとは，母親の身体です。夢の中のレインコート（mackintosh）は水への連想を誘います。水の夢の視覚的イメージを，患者が「一面の水（sheet of water）」と描写したら，それはそのままシーツをめぐる水へとわたしたちを導いてゆくわけです。そして「椅子」なら，そこに座っていると連想される人にかかわる発見へと，またドレスならば，それを着ている人の身体をめぐる発見へと導いてくれるでしょう。夢の中でメトニミーを使った楽しく簡潔な例があります。〈**あなたが水兵帽をかぶってデッキチェアに座っていました**〉[37]。しばし無意識の象徴のことは忘れて，メトニミーという比喩表現だけを追ってみましょう。「水兵帽というのは水兵が持つ帽子で，あなたがデッキチェアに座っているということは，あなたは水兵を意味しています」と患者は素直な子どものあどけなさで言いました。「どんな水兵を？」とわたしは尋ねました。「ああ，ええと，以前，母にあなたが海賊みたいに見えると言ったことがあります」。「どの海賊ですか」とわたしは訊きました。「え，それはもちろんキャプテ

36）［訳注］「ごちそうを食べる / 出す」の意になる。
37）［訳注］*"You were sitting in a deck-chair wearing a sailor hat."*

ン・フック[38]です」。そうしてわたしたちは海賊どもの非道な行為をめぐるファンタジーの宝庫に分け入ったのです。それに比べたら，水兵帽は無意識的にはファルス[39]を意味するなどという単調な解釈はおおよそ不毛なものだったでしょう。その夢の2日後，患者は自身の爪の保護効力をめぐる深い夢想に耽っていて，突如，長い鉤爪がものに食い込むという怖しい発想を抱きます。「キャプテン・フック」は彼女のファンタジー生活の中で，いまだアクティブな刺激だったわけです！

ここで夢分析のテクニックについて付け加えておきましょう。わたしが患者にむけて発した「どんな水兵？」，「どんな海賊？」という質問にお気づきかもしれませんが，夢の細部をめぐってこんな風に訊ねる理由は，詩的語法の規則が明示し，無意識的夢のメカニズムが暗示している大原則にあります。詩的語法は一般的な名称よりも具体的な名前を好みます。そのため夢分析では，一般的な名称から具体的なものへと追求を進めていって理解を得ることになるのです。ですから分析家は「水兵」という連想に甘んじず，患者の次の連想「海賊」でも満足せず，さらに一歩踏み込んで「どの海賊？」と具体的に訊ねるべきなのです。覚えておくべきは，潜在内容が夢を見る人に特有のものだということ，そして，象徴化の圏内にあってさえ，個々の象徴自体は具体的な環境を指し示すということです[40]。

[41]シネクドキは，部分が全体の代わりをするという文彩です。無数の「帆（sails）」の艦隊[42]だとか，工場には多くの「手（hands）」がある[43]などとわ

38）［訳注］『ピーター・パン』に登場する鉄の鉤爪の右手を持つ船長。
39）［訳注］ファルス（phallus）はギリシア語源で「陰茎」。ペニス（penis）はラテン語源。ペニスというと即物的だが，精神分析でファルスというと象徴的な意味が加わる。
40）［訳注］シャープの象徴理解の核。後出の「ミッキーマウスの列車」参照。
41）［訳注］**【シネクドキ（SYNECDOCHE，提喩）】**のセクション。
42）［訳注］「帆」＝「船」
43）［訳注］「手」＝「従業員」

たしたちは言います。「ああ，あれは魚か，藻か，少女の髪か（Oh, is it fish, or weed, or maiden's hair?)」と詩人が語る時[44)]，もしそれが髪ならば，溺れ死んだ少女を見ているわけです。先にご紹介した〈**音楽**〉の夢では，「部分」が「全体」を表していました。乳房とペニスが象徴的に表されていましたけれども，そのイメージは同時に全身も示しています。「夜の海ゆく船たち」と。靴フェティッシュのケースでは，メトニミー，シネクドキ双方の技巧が見られます。足の意味付けが靴に転移されているわけですが，分析を進めてゆけば，体の一部としての足が体の他の部分の属性を引き受けているだけでなく，同時に全身も示しうることがわかるでしょう。以下も夢に出てきた例です。「ルリハコベ（a scarlet pimpernel[45)]）」は乳首にかかわる潜在思考を喚起しました。「トゲのある藪のもつれ（a tangle of thorn bushes)」と「ツゲの生垣（a box hedge)」は陰毛を指しており，陰毛そのものは隠された女性性器に関る潜在的ファンタジーを喚起したのです。「ツゲの生垣」は，箱（box）自体が一般に外陰部の象徴ですから，ことに適切と言えます。

[46)] オノマトペは，用いられる語の音が意味を反響するという詩的語法です。わたしたちの言葉にはこのような語がたくさんあり，夢はしばしばそれらを用います。というのも幼い頃，音と意味が融合した時の経験を，精神はいくらでも使える状態で保持しているからです。わたしたちは各自が言葉を獲得してゆく中で，言語の発達の歴史のいくばくかを繰り返しているのです。夢の中ではたった１つの文字が，乳児期の経験に結びつく最も原始的な音を持ち越していることもありえます。それを裏付ける次の興味深い夢は，ある患

44）［訳注］オリジナルは以下の通り。“O is it weed, or fish, or floating hair”，キングズリー，‘The Sands of Dee’ より。

45）［訳注］“*The Scarlet Pimpernel*”（『紅はこべ』）は 1905 年刊行の有名な冒険小説で洒落者の主人公が活躍する。小さな赤い花と乳首の視覚的イメージの類似のほか，‘scarlet’ には女性について「身持ちの悪い」という意味がある。

46）［訳注］**【オノマトペ（ONOMATOPŒIA，擬音）】**のセクション。

者が話してくれたものです。彼女は〈**夢の中で化学に関係する「K.OH.」という文字の組み合わせがありました**〉と語り[47]，夢について話す中で「K.OH.」のかわりに「S.O.S.」と言い，それを訂正してこう言ったのです。「間違ってS.O.S.と言ってしまいました。K.OH.と言うつもりだったんです」。夢に出てきた化学式，K.OH.は，連想の結果，ついに排泄物を意味する幼児語「Ka.Ka.（うんち）」の意味だとわかりました。最終的に最も興味深いのは誤って口にした「S.O.S.」です。というのも「S.O.S.」は今日における遭難信号だからです。「S」は誤って漏らした尿のシーという音，「O」はそういうハプニングに見舞われた子どもがしばしば思わず口にする絶望の声だとわかりました。語源学的研究から，学者たちはわたしたちの持つ単語のうちおそらく最も基本的なのは「存在する（to be）」の現在形「is」であり，その起源は流れる水の音の模倣にあって，「生命」，「存在」を意味するのではないかと考えています。ですから，この夢と誤って口にした「S.O.S.」とは，忘れ去られている子ども時代の不安状況を純粋に言語的なかたちでドラマ化しているわけです。今日，海上で船が使う遭難信号「S.O.S.」は，短い中に，水をめぐる根源的な危険状態に関する思いもかけない豊かな意味を持っているのです。

[48]「対句」，「対照法」として知られる語法は，夢の中では映像によって可能になります。たとえば対照法は，位置の対立で伝えることができます。「わたしは彼女の反対側に座りました」といった風にです。対句は，位置の相似によって伝えられます。「あなたは椅子に座っていて，並んでXさんが座っていました」。こういう単純な技巧をわかっておくだけでも，すぐに分析の役に立つかもしれません。たとえば，もし「あなた」が分析家を指して

47）［訳注］*"In the dream* she was narrating *was a combination of letters "K. OH." which had a chemical reference."*

48）［訳注］**【対句（PARALLEL），対照法（ANTITHESIS）】**のセクション。

おり，「X さん」が分析家にとって未知の人物だとすれば，患者が「X さん」について何を言おうと，それはなんらかのかたちで「あなた」にもあてはまるわけです。

[49] フレーズの繰り返しは強調を確実にする語法上の技巧です。これが夢で用いられる場合，夢に出てくる特定要素の反復ということになります。

[50] このあたりで「メタファー（implied metaphor, 暗揄）」[51] と呼ばれる修辞について，より細かい考察に戻りたいと思います。わたしたちが日常生活で使っている言葉の多くはメタファーです[52]。手で触れないもの，目に見えないものは，手で触れられるもの，目に見えるものの関係を通じて描写されます。精神的，道義的な状態を表現する語は，心と体の間の類比（アナロジー）に基づいています。「打ちかかる考え（a striking thought[53]）」，「知的財産（a wealth of

---

49）［訳注］**【反復（REPETITION）】**のセクション。

50）［訳注］**【メタファー詳解】**のセクション。

51）［訳注］第１章最初の脚註で触れた通り、訳者紹介で説明するが、シャープの場合、'metaphor' と 'impied metaphor' は事実上区別されない。

52）［訳注］言語学では 50 年代にマックス・ブラックがメタファー論に認知的視点を持ち込んだが，引き続きメタファーは周縁的扱いをうけ，1980 年のレイコフ＆ジョンソンの『メタファーと人生（*Metaphors We Live By*）』が「革命的」とされて認知言語学の起点になった。ここでシャープが挙げている例は，そのままレイコフ＆ジョンソンに移植しうるもので，主張も同じ。1937 年の原著刊行時にメタファーを日常言語で用いられるものと明言しているのは先進的だが，本人がそれを意識していたかどうかは不明。1940 年のシャープの 'Psycho-physical problems revealed in language: an examination of metaphor（言語において明かされる心身問題：メタファーの検討）' は，精神分析におけるメタファー論最初期の論文として先行研究の最初に言及されることは多いが，内容を論じられることは少ない。そこでのシャープは，象徴を扱う能力は，排尿・排便をコントロールできるようになる時期に成立し，言語の基本的機能は，知覚を象徴に落とすことにあると指摘し，身体を認知の器・視座として用いることによって言語活動が成立するという，やはり認知言語学的理解を示している。

53）［訳注］≒「妙案」

knowledge)」,「思考の糧（food for thought)」,「しみ一つない人柄（a spotless character)」,「褐色の論考（a brown study[54])」,「熱い気性（hot temper)」といったごくわずかな例でも充分わかっていただけるでしょう。聴覚は，味覚や触覚や視覚と比べると弱いので，音を描写する形容辞がいるとなると，より強力な感覚が借りてこられます。そこで「甘い声（a sweet voice)」,「つんざく叫び（a piercing scream)」といった音を描写するメタファーが存在するわけです。言葉は，民族的なものだけでなく個人的な置き換えの歴史を持っています。それは，ある言葉をはじめて耳にした時のコンテクスト，その言葉が具体的で感覚的に理解しうるあるイメージを示した時のコンテクストに端を発する置き換えです。言葉は追って第2の意味を獲得し[55]，抽象的な意味も伝えるようになりますが，わたしたちの過去に関する無意識的貯蔵庫に関する限り，ある語をはじめて耳にし，はじめて使った時に持っていた具体的な意味が失われることはありません。1つの言葉をめぐる個人性は，そうした過去と現在における意味の総体から成ります。ですから，1つの夢が持つ価値は，顕在内容を用いて潜在的な素材を発見することだけにあるのではなく，その夢を語るのに使われた言葉にもあるのですし[56]，連想を行なうこと自体が解明する方向に役立つのです。そうした自己表現にともなうその他の精神的価値とはまた別に，自己表現に使われた言葉そのものが意味を明らかにするのです。これを最大限活用するには，言葉が二次的に獲得した意味だけでなく，第1の意味もまた暗に伝えるものだということを忘れてはなりません[57]。分析家は，言葉が持つ歴史的過去に通じていなくてはなりませんし，その歴史的過去がしばしば語り手の歴史的過去を伝えるものだという事

---

54)［訳注］≒「黙想」

55)［訳注］認知言語学でいう「二次的活性化」の発生機序。

56)［訳注］表現のかたちと意味は切り離せないという認知言語学的指摘。

57)［訳注］意味づけの基盤は既存の語彙ネットワークよりもむしろ個人的な言葉の使用経験にあり，表現と内容は分けて考えることができないという，認知言語学の基本に一致する主張。

実にも敏感でなくてはなりません。簡単な例を2つご紹介しましょう。〈**Xの夢を見ました。彼女は母親が甘やかした子**（spoiled darling）**なんです**〉[58]。患者はXがほしいままに甘やかされた（was pampered）という意味だと言います。患者は「ダメにされた（spoiled）」という語を二次的な意味で使っているのです。さて，どんな子どもにとっても，この単語が持つもう1つの意味は，傷つけられた，汚れた，めちゃくちゃになった，ということで，この語は語源学的にも「皮をはぐ，または傷つける」という意味です。これを思い出せる分析家は，思い出せない分析家よりもはやくこの夢の意味に到達するでしょう。別の例です。〈**わたしは株式市場に投機している夢を見ました**〉[59]。患者の連想は，まずは株式のテーマにかかわるものになるでしょうが，「投機する（speculating）」という語は，分析家にとっては，本源的な最初の（primary）行為として，ここで示されているのが見るという行為であることを示唆するでしょう[60]。となれば「株式市場（Stock Exchange）」も同じくさらなる考察の価値があるはずです。繰り返しになりますが，夢を詳しく話すことへと患者の注意をむける大きな価値は，それが分析家に，患者が現に選んだ言葉から，より完全に夢を分析する機会を与えてくれるということなのです。概念間の橋渡しになるのは名称であり，しばしば名称というのは種々の変異を生じるものなのです（The bridges of thought are crossed and re-crossed by names and names have manifold mutations.）[61]。夢は多くの意味を

58）［訳注］*"I dreamt of X, she is her mother's spoiled darling."*

59）［訳注］*"I dreamt I was speculating on the Stock Exchange."*

60）［訳注］ラテン語源の 'spect' から。

61）George Willis. *Philosophy of Speech*. 1919.［訳注］1891年の初版によると，シャープの引用箇所は第4章の55頁。引用がややわかりにくいが，ウィリスは「ティー」がお茶だけでなくお茶をともなう食事を指すようになる，「ヘリオトロープ」という植物名がやがて色名になるといった例を分類列挙後，"The above is far from being an exhaustive list of those bridges of thought which are crossed and recrossed by names in their manifold mutations（これらは名称が指し示すものの種々の変化によって，たびたび概念間の橋渡しになった尽きせぬ例のごく一部である）" と書いており，シャープはそれを受けて引用している。ちなみに，この本の最終章 'Speech and Education' は，「教育

示唆し内包する言葉を喚起するという点で，最も排他的なものである科学的言葉遣いと対照的だということは覚えておく必要があります。抽象的に表現された夢が，分析に使えるようになるのは，それが画像的に翻訳されえた時なのです。わたしたちは二次的に獲得された意味の下に隠れている第１の意味に到達しなくてはなりません。抽象的な語より具体的な語のほうが，その起源ゆえ，連想においてはかぎりなく豊かなのです。

[62] では，メタファーについては，その知識があれば，抽象的言い回しを分析するさいに具体的な語自体を考察する手がかりになるものだということで，ここまでにしておきましょう。次に，無意識にこころが使う語呂あわせという，よく知られている能力について考えてみましょう。その際，夢で行なわれるにせよ会話で使われるにせよ，語呂あわせについては，わたしたちが最初に言葉を学んだ道筋である音声的に学ぶ経路を垣間見せるものだと捉えるほうが，より精確ではないでしょうか。稀にしかないことですけれども，夢や断片的な記憶によって，わたしたちは，ある言葉の持つ意味が，最初に聞いた言葉からよく似た響きの別の（新しい）言葉へと引き継がれてゆく，音声的枝分かれの作用をかすかに知ることがあります。これは追求すれば実りの豊かなところです。ある言葉が持った最初の意味は，同じ響きで別の意味を持つ言葉（語句）に，暗黙のうちに含まれているのです。たとえばこんな風にです。〈**わたしはアイオナ大聖堂**（Iona Cathedral）**の夢をみました**〉[63]。これは語呂あわせというだけでなく，この子どもが言葉を獲得していった歴

のある階層」と「ない階層」をラテン語やギリシャ語の教育の有無で分け，「英語の語彙の３分の２はラテン語からの借用であり，したがって今日の英語を理解するにはラテン語の要素に関する知識が必要である。これはパブリックスクール（私立学校）が授与するもので，公立学校では行なわれていない。そのため公立学校出身者は，今日用いられるかたちでのわれわれの国語の３分の２を理解することができないのである」（207頁）と断じている。シャープは公立学校出身の国語教員だった。

62）**【語呂あわせ（PUNNING）】**のセクション。

63）［訳注］*"I dreamed of Iona Cathedral."*

史の一片なのです。この夢を見た人が，子どもの頃，はじめて「Iona」という言葉を耳にした時，それは「わたしは大聖堂を持っている（I own a Cathedral)」と聞こえ，それを意味したのです[64]。同じ患者がこんな記憶も教えてくれました。父親が古代ローマの遺跡（*The Lays of Ancient Rome*）に連れていってやろうと約束した時，息子のほうは，お父さんが卵をプレゼントしてくれると思った[65]という記憶です。

語呂あわせという言語表現の重要性と，人は音によって言葉を獲得してきたということを意識しておくと，単語の意味を理解するうえでどれほど有益か，それを示す例をご紹介しましょう。表現と経験された知識とは，１つの事実の２つの側面であることを忘れないようにしてください。そのすばらしい例です。〈**わたしは犬を連れていて，菜園**（allotment）**に行こうとしていたのですが，それは危険だといわれました。そこの地面を踏むと伝染性があるみたいに危険そうでした**〉[66]。連想のうち関係するものだけ申し上げます。感染からは「口蹄（foot and mouth)」疫が連想されました。夢に出てきた犬の１匹はグレイハウンド（greyhound）のようでした。患者は小さい頃，「灰色ウサギ（Grey Bunny)」に続いて「長い犬（Long Dog)」のおもちゃを持っていました。「foot and mouth」からはすぐさま足を口に入れるという子ども時代の遊びが思い出されます。患者はそこで便秘していることを告げます。この身体をめぐる参照項と，ここまでに選んでお伝えした連想だけからでも，患者が忘れている子ども時代のエピソードにまつわる経験[67]とファンタジーはほとんど迷うことなく推測できるでしょう。「allotment（市民菜園・空き地)」という言葉を，今わたしたちがこの単語をそれとして理解する，その後に得られた具体的な意味を考えたり思い浮かべずに聞いてみてくださ

64）‘Iona’ と ‘I own a’ は同音になる。

65）［訳注］動詞の ‘lay’ には「卵を産む」という意味もある。

66）［訳注］*“I was with dogs and about to go on an allotment but I was warned that it was dangerous. It seemed it was dangerous to tread on the ground as if it were infectious.”*

67）［訳注］便を口に入れた。

い[68]。すると，この1語から夢は簡単に解けるはずです。もう1例。〈**夢の中で，中庭**（courtyard）**がありました**〉[69] と患者が言いました。ここでは1語が複数の異なる意味を示しうることの重要性を例示するという直近の目的のために，この夢にあったたくさんの具体的なディテールは省いておきます。ここでは「中庭（court）」が，少なくとも「言い寄る（to woo）」を示唆しています[70] が，さらに「court」という音は「捕まる（caught）」も指しうるでしょう。「中庭」という単語は，この患者には，そのどちらの意味も示しませんでした。そして言うまでもなく，分析家も，患者が分析時間中，こう発言するまでは，それを示唆するようなことはしていません。「先週末，……州のXの家に行ったんです。Xは塀で囲まれた小さな庭を持っていて，入るには専用の門を通らないといけないんです。で，そこを通って入ってドアを閉めました。そして帰ろうと思ってみたら，ドアに鍵がかかっていて，塀を乗り越えるしか出る方法がなかったんです。それが泥棒よけの釘のついた塀で」。そこで「求愛（courting）」の危険をめぐる無意識的ファンタジーへのアクセスが可能になったのです。

「抑鬱感（*feeling of depression*）」があるんです，というのが，あるセッションでの患者の第一声でした。最近の話です。その回の分析は女性性器をめぐる不安についてでした。最終的に，わたしは患者に，あなたは子ども時代のある出来事，つまり，あなたが文字通り女の子の性器の「くぼみ（depression）」に触った（felt）という出来事をめぐる抑圧された情動に対処しようとしているのだとためらいなく言うことができました。また別の患者は，食べ物にまつわる夢刺激にたいして〈**以前，よく食べていた物について考えると，なにか糞便的なところがあるんです**〉[71] と言いました。「どこでそう感じるのですか（where do you feel it?）」とわたしは尋ねました。「ええ，

68）［訳注］'a lot meant'（意味された多くのこと）と同音。
69）［訳注］*"In the dream, there was a courtyard."*
70）［訳注］動詞としての 'court' には「女をくどく」という意味がある。
71）［訳注］*"when I think of that food I used to have, there was something fœcal about it."*

ぼくもそれを考えてたんですけど，ほんとに」と患者は答えます。が，そう言っている間も，患者は無意識に指でほかの指をなぞっていました。その経験は指でしたものなのです。幼い頃，糞便に触った経験という情報が指には残されているのです。また，外的現実で頭がいっぱいになっている患者の場合，暗示されてはいるものの意識にとって未知のままに留まっているファンタジーや記憶を喚起するには，たとえば次のような言い回しを手がかりにしなくてはなりません。「わたしは服を作りはじめないといけないのですが，それを思うと恐怖でいっぱいになります（filled with horror）」。「恐怖でいっぱいになる」というのは，究極的には，体の中にある恐ろしいものをめぐる恐ろしいファンタジー，つまり，生殖をめぐる恐怖のファンタジーという意味を持つものでした。またある患者は「夢の中で，〈**鋲**（tin-tacks）**を引き抜いていました**〉[72]」と言いました。そして延々と回り道をして夢に戻り，「鋲」という言葉に思いをめぐらせたのです。「ほかの呼び方としてはなにがあります？」，「ネジだとか」。「いえ」と答えた患者は，鋲でもネジでもリベットでもないもののことを言いたかったのです。そして一呼吸おいて，ためらいがちに「くぎ（nails）」と言えるかもしれないと言いました。とそこでわたしたちが理解するのは，彼女には，昔，先の尖った小さな鉄片が「nails」と呼ばれるのをはじめて聞いた瞬間があったのだということで，その語のうえに，自分の爪にまつわる情動やファンタジーや行為が転移されたのです。それで彼女は「nails」という語を思い出せなかったわけです。

「今週はまだ新聞（paper）を読んでないんです。いったいなにが起こっているのかわかりません。新聞をまったく見ていないからです」と繰り返し嘆く患者が，新聞を読むことにまつわる制止に光を当ててくれたことがあります。そのセッションの間中，一見偶然のように見える連想が，患者に月経中であることを思い出させます。そこで彼女の始めたテーマにわたしは思い当たりました。「まだ新聞を読んでないんです。（I haven't *read* the paper.）いっ

72）［訳注］*"I was pulling out tin-tacks."*

たいなにが起こっているのかわかりません」。「red」という音は，幼い子どもにとって，まず第1に色の感覚に連なるものとして知られ，のちに「read（読まれた）」が「read（読む）」の過去形や過去分詞として使われるようになっても，それは最初の意味を持ち続けているだろうということにわたしは気づきました。そこで，トイレ（の紙（paper））で月経の血を見て，それが不安を引き起こしたという実際の経験に沿った正しい流れにのることができました。すると「世界でいったいなにが起こっているのかわかりません」という言葉の持つより深い意味も，わたしたちは理解できるわけです。

ある患者が〈**食卓で牛肉のサーロインが切り分けられている**〉[73]という夢を語りました。患者は，ある種の家庭で「サー（sir）」という儀礼ばった言葉が日常的に使われていた頃，その種の環境で育っていましたから「サーロイン（sirloin）」が，その患者にとって，かつては「男性の性器（loin of a sir）」を意味したのだということについて，わたしはほとんど疑いようがありませんでした。

患者が海の夢を見た場合，重要な要素は水だけでなく「見る（see）」と「海（sea）」が同じ音であって，見るというテーマもまた重要だろうということは，覚えておくと役に立ちます。夢に桟橋（a pier）が出てきたら，象徴をめぐる知識からファルスを意味するだろうと思われるかもしれません。でも，わたしの経験では「桟橋（pier）」は「じっと見る（peer）」と同じ音で，「peer」は「見る（look）」を意味し，「桟橋（piers）」は，見たり眺めたりする機会の多い海辺にあるものだと覚えておくほうが，よりはやく相手の経験に触れられます[74]。

73）［訳注］*"a meal at which a sirloin of beef was being carved."*

74）［訳注］フロイト自身も音連想は重視したが，フロイト派が普遍性の高い理論を追って類型的象徴に踏み込んでいく中で，類型的象徴の知識は必要だとしつつも，むしろ個人が音を通して言葉を学んだ経験を重んじ（一貫して認知言語学的スタンスだと言える），音を聞くように繰り返すシャープの指摘は特徴的なもので，原著刊行後，書評を担当したテオドール・ライク（Reik 1938）は，音の重視に一定の評価を与えながらも，「類型

〈**夢の中で食事がすっかり終わっていて**（all over），**わたしは怒っていました**〉[75] と，ある患者は言いました。続けて，こう説明します。「腹が立つ（feel upset）でしょう，お腹が空いていて，もっと食べていたいと思っていたら」。この夢への手がかりは，患者が説明を加えるにあたって「all over」を「upset」で言い換えたところにあります。幼児期の感情的な「upsets」には，現実的なハプニング[76] がともなっているのです。

「サンドウィッチ」というのはおもしろい言葉です。これはときに，子どもがまだ両親の間に挟まって寝ていた時期を指すのにも使われます。魚のペーストのサンドウィッチが，子どもが両親の間に置きえたものを指していたこともありました。サンドウィッチを食べることは，両親双方を体内化する（incorporate）ことを象徴しうるのです。しかし夢に出てくる「サンドウィッチ（sandwich）」は，連想で海辺の砂（sand）の記憶が出てきてはじめて適切に説明されうるのだとわたしは気づきました。「wich（witch）」という言葉は，性器にまつわる男女差をめぐる問いを表すだけでなく[77]，女の子の「魔女（witch）」的心理の発達の可能性まで示していました。

ある患者が語った興味深い夢は〈**座ろうとしている便器のコウモリが肛門に飛び込むのではないか**〉[78] という強い不安をともなうものでした。ここでのわたしの関心は，このファンタジーの象徴性にあるのではなくて，夢をめぐる連想から現実の病気にかかわるものとして，このファンタジーの年代を特定しえたことにあります。インフルエンザにかかった時期，患者は不安神経症にも苦しんでいたという情報をわたしは得ました。当時の彼女の意識的な恐怖は，便器に座っている時に水が跳ね返ってかかるのではないかという

的象徴への踏み込みの不足」を惜しんでいる。ライクの書評は丹念で学術的良心に富み，シャープの言語をめぐる理論的スタンスを浮かび上がらせる優れたもの。

75）［訳注］*"In my dream the meal was all over and I felt angry,"*

76）［訳注］'upset' には，「お腹を壊す，ひっくり返す，こぼす」等の意味もある。

77）［訳注］'wich' は疑問代名詞の 'which' と同音にもなる。

78）［訳注］*"lest bats in a lavatory pan over which she wanted to sit should fly into her anus."*

ものでした。患者は「インフルエンザ」にかかっていました。この言葉は明らかにまだ未知のもので，この子は「フルー（flu）」[79] という音の部分だけ理解したのです。そこで「インフルエンザ」が彼女の無意識的ファンタジーの媒介物（vehicle）[80] になりました。夢の中では「コウモリ（bats）」が肛門に飛び込むのではないかという怖れがあります。そこからわたしたちは「エンザ（enza）」というのが，この子にとっては「コウモリ」を意味していたと推論することができます。そして，それが「殴る（bats）」と関連づけられたものが，恐ろしい無意識的ファンタジーだったわけです。

子どもが宗教的な教育を受ける家庭では，「賛美歌（hymn）」という言葉は，根本的に男性を意味します[81]。ある患者は16歳でテニスンの「イン・メモリアム」に傾倒しました。ある夢で明らかになったのは，この詩の形式，節のグループ配列が，無意識的に賛美歌集のレイアウトに結びつけられていたということです。子どもの頃の賛美歌は，愛されるよき父を賛美するものでした。思春期の「イン・メモリアム」は，失われたよい対象を賛美するもので，したがって，よい対象の精神的な保持を表現していたのです。

夢の中で「走っている（running）人」は常に尿に関する経験の象徴的なものと解釈することができます。それも，子どもが自分の脚で走る能力を獲得する以前にまでさかのぼる，空間的移動にはるかに先立つ身体的「動き（motion）」[82] です。患者が「恋に落ちる（fall in love）」というフレーズを繰り返して，恋愛をめぐる不安を示す場合，「落ちる（fall in）」という言い回しを，現実に「落ちこむ（falling into）」ことへの恐怖として扱うことがファンタジーの宝庫への鍵になります。夢に出てきた鳥が「ツバメ（swallow）」と呼ばれていたら，それは夢を見た人がはじめて「swallow」という言葉を聞いた

79）［訳注］動詞 ‘fly’（飛ぶ）の過去形 ‘flew’ と同音。

80）［訳注］このような意味で vehicle を使うのは，言語学の文脈では，当時の最先端に近い。

81）［訳注］‘hymn’ は人称代名詞の ‘him’（彼を / 彼に）と同音。

82）［訳注］‘motion’ には「排泄・便通」の意味もある。

のは食べ物に関してだということを思い出すところかもしれません[83]。「stroke」という言葉にはたくさん意味があります。愛に満ちたものも獰猛なものもです[84]。わたしはこれまでに，非常に幼い時期に「発作（stroke）」を直接経験した患者を３人見ています。ひとりは自分が日射病（sunstroke）になり，あとのふたりは大人が突如発作に襲われたという視覚的経験を持っていました。どの患者においても「stroke」という言葉には感情的意味合いが付されていました。ひとりは早期に情動の移動を生じ，それが字を習いはじめた際の筆致の上下（up-stroke（上向き）とdown-stroke（下向き））に向かったがために，字が書けるようになるのを遅らせ，苦痛な努力にしてしまいました。字を書くことに関しては，書き方を教える際に「pot-hooks（習字練習用のS字）」[85]という語が使われたせいで遅れたケースもあります。

ある患者はラズベリーに関する夢のあとで，子どもの頃，ラズベリーを食べていて吐いたことがあったのを思い出しました。理解への手がかりは，分析的経験からの演繹とはまた別に，患者の家ではラズベリーが「ラスプス（rasps）」と呼ばれていたという情報でした。この「rasp」という言葉から，患者は，猫の舌や，猫の毛を逆さに撫でた時のような「感触（feel）」や，「やすり（rasp）」と呼ばれる道具の「感じ」，そしてついに，ラズベリー自体のもつ「毛」を思い起こしました。こういった連想から，この子にラズベリーを吐かせるに至った「ラスプス」をめぐる無意識的ファンタジーを理解することは難しくありません。また，子どもが「舌苔（furred tongue）」[86]という言葉をまったく文字通りに解釈することは，複数の患者によって裏付け

83）［訳注］動詞の‘swallow’（呑み込む）と同音。

84）［訳注］動詞の‘stroke’は「撫でる・愛撫する」「殴る」等，名詞では「発作」「打撃」「筆使い」等，意味が広い。

85）［訳注］‘pot’には「おまる」の意味もある。学習を阻害するこういった連想については，シャープ自身の小学教員歴に加えて，メラニー・クラインの観察（『児童の精神分析』等）が参照されている。

86）［訳注］「毛の生えた舌」

られています。

夢の中の「シーソー（see-saw）」の存在は，シーソー上での身体の動きが暗示するところから自慰というテーマへとまっすぐ導いていくでしょうけれども，「見る－見た（see-saw）」も，具体的な性的履歴の中で重要性を持ちうる自慰と視覚の結び付きを表すでしょう。ここでファンタジーの形成をめぐる興味深い洞察を1つご紹介します。ある子どもは，毎日，お父さんがザ・シティ（The City）[87] に行くのは「株式仲買人（stockbroker）」だからだと段階的に理解しました。この子にとって「stockbroker」という語が最初に意味したのは，父親が「木の幹を壊すこと（breaking stock）」に従事しているということでした。次にこの子は「未亡人保険（widow's insurance）」について父親が話しているのを聞きます。「未亡人（widow）」というのがなんのことかはわかりません。いちばん意味が近いものとしてこの子があてはめることができたのは「窓（window）」でしたから，知るかぎりの事実から導き出される当然の論理的帰結として，この子は，町での父親の仕事は窓を壊すことだとの理解に至ります。「未亡人」が女性のことだとわかった時，その無意識的ファンタジーはいっそう強化されることになったのです。

夢の中での出来事が「客間（a drawing-room, or a with-drawing-room）」で起こっている場合，「drawing[88]」が重要かもしれないとわたしたちは予期します。最初に思いつく意味は，たいていペンや鉛筆やクレヨンで描くことでしょうが，最終的には，身体的なプロセスを頼りに，夢の究極的な意味を明るみに出すことができます。たとえば，なにかから吸う・吸い出すといったことです。最初に出てきた意味に安住しないことによって，いっそう具体的な語から，さらなる助けが得られるのです。

ドラマが演じられる舞台として夢が選ぶ地名も解釈に役立つことがあります。いくつか典型的な地名をあげるなら，ボーンマス（Bournemouth）[89]，ウ

87）［訳注］ロンドンの金融街

88）［訳注］動詞の 'draw' には「引く」「引き出す」「描く」等の意味がある。

89）［訳注］'born-mouth'（誕生口）ともとれる。

ェールズ（Wales）[90)]，メーデンヘッド（Maidenhead）[91)]，バージニア・ウォーター（Virginia Water）[92)]，ハイド・パーク・コーナー（Hyde Park Corner）[93)]，チリ（Chile）[94)]，スパイオン・コップ（Spion Kop）[95)]，ライアンズコーナーハウス（Lyons' Corner House）[96)]，コヴェント・ガーデン（Covent Garden）[97)] などです。

同じく人名も，姓名ともに役立ちます。それは顕在内容として直接表れることもあれば，ときには顕在内容に対立するものとして間接的に表れることもあります。たとえばわたしの名字「シャープ（Sharpe）」も，夢の中ではよく「フラット／アパート（flat）」,「フラット１棟（block of flats）」[98)] などで表されます。「シーモア夫人（Mrs. Seymour）」[99)]，「アトウォーター氏（Mr. Attwater）」[100)]，「ペイン夫人（Mrs. Payne）」[101)] なども特定の夢を解釈するうえで役に立ってきたであろう固有名詞の例です。

夢は二重の価値を持つのです。１つには，無意識的ファンタジー理解への

90）［訳注］動詞 'wail'（泣き叫ぶ）の三人称単数形 wails と同音。

91）［訳注］'maidenhead' には「処女膜」の意もある。

92）［訳注］'Virginia'-'virgin' から「処女の水」的な意にもなる。

93）［訳注］ロンドン市内の地名。'hide park corner' と同音で「公園の隅に隠れる」的な意にもとれる。

94）［訳注］形容詞 'chilly'（寒い）と同音。

95）［訳注］現在の南アフリカ共和国の地名（アフリカーンス語）。ボーア戦争 (1899 - 1901）で英国軍が大敗したことで知られる。'Spy on cop'（警官をスパイする）とも聞こえる。

96）［訳注］当時の英国のお茶や軽食の有名チェーン店名。'lion's corner house'（「ライオンのいる家」的な意）と同音。

97）［訳注］ロンドン市内の地名。'Covent' は 'convent'（女子修道院）の古形。

98）［訳注］西洋音楽記号のシャープからフラットへの連想。

99）［訳注］'see more'（もっと見る）と同音。

100）［訳注］'at water'（水に面している）と同音。

101）［訳注］'Payne' は 'pain'（痛み）と同音。分析家仲間にシルビア・ペイン（Payne）がいた。チャールズ・ライクロフトは，シャープのもとで教育分析を始めて，戦争でシャープがロンドンを離れたためにペインのもとに移ったが，分析の訓練における「sharps（鋭さ）」と「pains（痛み）」を冗談にしていたという（Holmes 1998)。

手がかりとして，もう１つには，記憶や経験の貯蔵庫への鍵としてです。無意識的な願望やファンタジーは，乳児期にまで遡るすべての記憶を好きなように使えます。この章では，潜在思考から顕在夢を作り出すメカニズムへの１つのアプローチとして，また，経験や衝動の無意識的貯蔵庫への１つのアプローチとして，詩的語法が用いる原則や方策を詳しくお話ししてきましたが，それは，その原則が夢のメカニズムと同一の起源を持つという印象を非常に直接的に与えるものだからです。また，夢を解明するにあたっての手がかりは以下の素朴な事実，すなわち，概念間の橋渡しになるのは名称であり，しばしば名称というのは種々の変異を生じるものなのだということ，言葉の基盤はメタファーであること，わたしたちはみな母国語を音から学んだということから得られるのだとお示ししました。

第2章　夢形成のメカニズム

1. 圧縮の法則
　(a)　根底にある精神的葛藤と，それが適宜の心的素材を選ぶ力
　(b)　あらゆる心的活動における圧縮の法則の重要性
　(c)　圧縮されたものを詳細に語る価値
2. 移動
　移動のさまざまな手法と例
3. 象徴化
　(a)　類型的象徴と個人的象徴
　(b)　憎しみと愛の衝動に奉仕する象徴
4. ドラマ化
　芝居，夢，戯曲。不安をこころのうちで投影し打ち勝つ試みとしての夢
5. 二次加工

潜在思考から顕在夢への変形はいくつかの具体的なメカニズムによってなされます。フロイトはそのメカニズムを，圧縮，移動，ドラマ化，象徴化，二次加工と呼びました。では，各メカニズムについて詳しく見てゆきましょう。

圧縮（CONDENSATION）

夢は，現在の日常における出来事や情動を想起させるだけでなく，過去のさまざまな時期，さまざまな状況に属する出来事や，ファンタジーや，情動を呼びさまします。単純な例ですが，ある男性が〈**セイウチの船首像をつけた灯船を見た**〉[1] という夢を見ました。夢がなにより先にもたらした連想は，先の週末の荒れた海での船旅でした。その際患者は実際に灯船と救命ブイを

目にしています。嵐の中で見たそれは，強い波に洗われて幻想的な印象でした。それはまるで頭のようにも見え，鼻から水が流れ出すようだったと。砂州の多い海域を航海することの危険が，患者が最初に考えたことでした。週末の荒天下での航海について，患者は海図（chart）を丸暗記しておいてよかったと思う理由がありました。船長は彼だったからです。

「セイウチ（walrus）」の細部の特徴から，患者は子ども部屋の壁にかかっていた表（chart）を思い出しました。その表にはいろんな動物のイラストが載っていて，患者はその1つをはっきりセイウチとして思い出したのです。セイウチには大きな牙が2つありました。その表は，地図と同じように巻き上げ式だったので，子ども心にそこに連想が生じました。さて，絵のセイウチには生身の対応物もありました。年の行ったその家の女性使用人を，子ども部屋の子ども達は「セイウチ（the walrus）」と呼んでいたのです。彼女には大きな2本の犬歯があったからですが，さらに子ども部屋の伝説では，その犬歯は伸び続けていて，定期的に歯医者で削ってもらわなければならないということになっていました。そして，この患者が実際に直面しても生き延びることができると証明してみせた外的危険は，嵐のテムズ河「口（mouth）」だったのです。

わたしはこの夢の解釈は申しておりません。この夢にはセイウチ以外にも複数の要素があったのですが，ここでお示ししたのは，この「セイウチ」というたった1つの細部のうちに，いかに記憶が圧縮されているかです。今日の記憶である灯船やブイ，海図，学校の壁にかかっていた地図の数々，子ども部屋の壁の動物のイラスト入り表，「セイウチ」というあだ名の年老いた使用人まで！

いまだ不明の潜在的意味もいくつか暗示されています。たとえば，「wall-map（壁かけ式地図）」，「wall-chart（壁かけ式表）」，「walrus」という要素における「wall」の反復が目に留まるでしょう。「figure-head（船首像）」の意味

1）［訳注］*"He saw a lightship that had a walrus as a figure-head."*

するところはなんなのでしょう？　この分析の時間中に，潜在的な意味の宝庫が探索され尽されていないのは明らかです。

ある夢を語った時間中に患者の話すことのすべてが，夢の顕在内容に貢献した潜在思考を示しているかというと，そうではありません。ですからそこは分析家がふるい分け，関連づけ，繰り返されるテーマを見きわめて，抵抗が高まったので患者がそのテーマに背を向けただとか，脱線したあげくにまたテーマに戻ってきた，といったことを判断しなくてはならないのです。

夢の中で大量の潜在思考や記憶やファンタジーが圧縮されるさまを，具体的なイメージで示すこともできます。机の上に，さまざまな材質の小さなものが，何百ものっている状態を想像してください。そこで磁石をあっちこっちあらゆる方角に動かすとします。鉄でできたものはどれも磁石で拾い上げられることになるでしょう。つまり，いかなる力動的無意識の関心も，現在から過去に至る全経験の貯蔵所から，自身にくっついてくるものだけを回収してゆくひとつの磁石のようなものだと思えばよいのです。そうやって経験を拾い上げてゆく範囲は，手の届くかぎり，今日の状況から乳児期にまで及びます。

フロイトが夢形成のうちに見いだした圧縮というメカニズムは，より広範な有効性と重要性を持っています。これは夢という活動の特徴というだけでなく，意識と無意識とを問わず，あらゆる精神的機能にとって切っても切れないものです。

なにを言いたいのかわかっていただくために，まず，夢とは異なる精神的活動の局面から，わかりやすい例を見てみましょう。これは科学における法則の発見に相当するものです。コールリッジの詩『老水夫行（*The Rime of the Ancient Mariner*）』は，ごく短時間のうちに，ほぼ今日わたしたちの知る通りの，言葉としても概念としても完璧なかたちをとりました。そしてコールリッジ作品の研究者であるジョン・リビングストン・ルイス[2]と，乱読した作

2）John Livingston Lowes. *The Road to Xanadu*. 1927.

品のメモをコールリッジが残しておいてくれたおかげで，わたしたちは，詩のテーマを推し進めてゆく活動ではなく，詩のフォーマットとテーマをもたらすことになった圧縮の法則を辿ることができるのです。この詩全体が，コールリッジが読んできた何十冊もの本からとられた千もの絵画的イメージや感情的色調を，１つの統一体へと著しく圧縮したものなのです。その統一体は，あらゆる知的活動の源泉である無意識的興味の磁力に従って，圧縮という精神的メカニズムがもたらしたものです。『老水夫行』の書かれた速度は，意識未然のレベルでの圧縮の法則の驚異的作用を示しています。科学者の作業にもまったく同じ精神的プロセスが見られます。原動力となる潜在思考の興味・関心が一定の範疇の外的事象の観察へと向けられている状態のうちに，圧縮という知的活動のダイナミクスが存在するのです。何千もの個々の事象から科学者が最終的に導き出すのは，外的宇宙にかかわる１つの理論，あるいは１つの真理です。そのような科学者の作業の最終結果においては，詩人の作業のそれと同じく，圧縮のメカニズムが重要な役割を演じているのです。

この認識がもたらす帰結を，次にご指摘したいと思います。自然や外的宇宙の作用にかかわる科学的な理論は，折々，放棄されたり修正されたり入れ替わったりします。それまで知られていなかったことがわかると，そこで以前の結論が不当なものになったり，言い直しを必要とするものになったりするからです。観測しうるデータの幅が広いほど，そこから引き出される推論の正当性は高くなります。どんな人でも観察しうる事象の幅には当然限界がありますが，しかし事実を観察し，それを受け入れるという作業の双方を行なううえで，ある一定の時期に特殊な限界が見られる場合，それは情動的な困難のためです。人が推論を行ない結論を引き出す母胎になるのは，その人にとって入手しうる事実であって，現に入手可能な事実ではありません。つまりそこで選別がなされているのです。その選別に際して省略されたものが，省略されなかったものと同じく重要であることは，科学者の行なう公式化において，科学者の出した結論が未観測のデータによってひっくり返りうることにも明らかです。言い換えれば，観察された事実こそ（観察されなかった事実が省略されているがゆえに），人を誤った推論へも導きうるわけです。

これが圧縮という件をめぐって持つ意味は，以下に示す通り大きなものです。夢の中では潜在思考や記憶や経験を圧縮したものが示されます。潜在思考を探索することで，わたしたちはからみあうファンタジー・経験・情動の連鎖のある部分を意識にもたらします。分析中，記憶や実際の経験に際しての情動が喚起されれば，かつて行なわれた誤った推論も，意識にもたらされますし，それまで知ることも受け入れることもできなかった現実の事実も，意識化されます。つまり自我が境界を拡げるわけです。その結果，圧縮という無意識のメカニズムがより広い経験に基づいて作用するようになり，それによって知的な活動がデータの主観的選別によって左右される度合いも下がり，無意識の欲望や恐怖に支配されて軽率な公式化に駆り立てられることもなくなるのです。

移動（DISPLACEMENT）

夢における移動は，ひとたび潜在思考が喚起されてみれば，ちっとも重要だといえなくなるような要素を，顕在内容において関心の前面に押し出すことによってなされます。一方，顕在内容中のつまらない細部が，最も重要な潜在思想へと導くこともありうるわけです。同じように，夢の中での情動が最も重要性の低い夢思想にともなっていたり，逆に情動を激しくゆさぶる夢思想が，顕在内容においてはおおよそ情動的色調の薄い要素で表現されていたりもするわけです。フロイトはこれを「あらゆる価値の転倒（transvaluation of all values）」と言いました。

移動は，情動の強度と知的な意味での内容が調和を欠く場合，しばしば夢に奇怪な効果を及ぼします。

2，3の夢の例で移動のメカニズムをご説明しましょう。次のような夢を語った人がいました。〈**Xと呼ばれるところで海岸にいました。明らかに泳ごうとしているところでした**〉[3)]。夢は情動的に楽しげな調子のものでした。

分析するうちに，Ｘという土地に関する記憶がたくさん出てきたのですが，要は，夢を見た人が優れた泳ぎ手だということでした。Ｘを訪れたことについて話していると，患者は時々「Ｘは湾の東側で」と言いました。３回目に言ったところで「なぜＸが東側だと繰り返すのですか？　西側もご存じなのですか？」とわたしは尋ねました。しばしの沈黙ののち，患者は同じ湾の西側にあたるのはＹと呼ばれるところで，家族でＹに行ったのはまだとても小さかった頃だから当時はまだ泳げなかったと言います。それから，はじめてＹに行ったのは５歳の時だったと言いました。ここで患者はＹにかかわる大事なことを思い出します。浜辺にいた時，２つの死体が打ち上げられたのです。

西から東への移動のおかげで達成されたことは以下の通りです。顕在夢には不快な情動がありませんでした。というのも，泳ぎが上手な患者は溺れないだろうからです。自己顕示を水泳というかたちで昇華しているのは，道理にかなっています。潜在思考は死体という不快な記憶を明かしました。当時，患者は泳げませんでした。その記憶から，患者は子どもの頃，おねしょしていた時期を思い出します。おねしょをめぐる攻撃的な尿道的ファンタジーは，究極的には自分が溺れるという恐怖に結びついていたのです。

また別のタイプの移動です。夢を見た人は，次のセリフを繰り返しつつ，たいへんな喜びを感じて目を覚ましました。〈**ありもせぬ空なる無に，それぞれの存在の場と名前を授けるのだ**〉[4)]。目を覚まし，この引用について数分にわたって深く思いをめぐらせて，この人は潜在思考を悟りました。つまり「それぞれの存在の場」とは肛門で，「空なる無」は「おなら」のことだと。ところが分析時間中に情動の動いた記憶は「おなら（fart）」という言葉で，この言葉を口にすることが台詞の引用の与えた喜びに匹敵する恥ずかしさを感

3）［訳注］*"I was on the beach at the place called X. Apparently I was going to swim."*

4）［訳注］*"And give to airy nothings a local habitation and a name."* シェイクスピア『真夏の夜の夢』のシーシアスのセリフ。

じさせたのです。こういう移動は詩的語法において「婉曲法（euphemism）」と呼ばれます。彼女は５歳の頃，寝る前に母親の前で主の祈りを唱えた時のことを思い出します。母親が途中でとめて，ある単語を繰り返すように言ったのです。子どもは「天に音られるわれらの父よ（Our Father which *chart* in heaven）」と繰り返し，それは間違いだと言われても「Our Father which art（おられるわれらの父よ）[5)]」ではまるでわけがわからないと感じたのでした。分析の際に「chart」という言葉から連想されたのは，歌のレッスンの時に生徒が使う楽譜でした[6)]。つまりその祈りにあたって，彼女は楽譜のことを考えていたのです。「art」では意味をなさないわけです。分析の結果,「art」の前に「ch」をくっつけて「chart」にしたのは，そうすれば意味が理解できるというだけでなく，「fart」という言ってはならない言葉を考えてしまうことに対する防衛でもあったのだとわかりました。そこで彼女が補充した「chart」という語は，歌うことという意味とともに，昇華された音への関心としての「抑圧されたものの回帰」の例を示しています。

ある患者が，非常におもしろい心的経験を教えてくれました。彼女は，次のような夢からいきなり目覚めたのです。〈**わたしは道に立って開いた窓を見上げていました。女の人がそこに立っていたんです。見えたのは女の人の頭と肩ときちんと服を着た上半身だけでした**〉[7)]。さて，この患者は，すでに夢の理論に馴染んでいましたので，いきなり目が覚めたことを不審に思い，「こんな夢に，人の目を覚まさせるなにがあるのかしら」と考えました。が，また眠りに落ちてしまい，再度，突然，目覚めます。今度はもっと先まで夢を見たのです。彼女はその女性がいる部屋にいました。先の夢で道から見て

5）［訳注］'art' は動詞 'are' の古形。通常「主の祈り」ではこの形を使うが，この子にはまだ意味がわからなかったということ。

6）［訳注］'chart' はそういう意味で使われることもある。

7）［訳注］*"I was standing in a street looking up at a window which was open. A woman was standing there. I was only able to see the woman's head and shoulders and the upper part of her body which was fully clothed."*

いた窓のそばにいた女性です。夢を見た人は，ここでは子どもになっていて，床の上におり，見上げています。目に入るのは，前から見た女性の頭と肩と顔ではなく，後ろ姿で，その体は裸でした。つまり抑圧されていた子ども時代初期の寝室シーンの記憶です。最初の夢では逆転によって空間的な移動がなされていたことがよくわかります。

2つめの夢に見られる移動は，先に修辞についてお話した際に詳しく述べたメトニミーとシネクドキというふた通りの手法[8)]でなされています。メトニミーの場合，関連思考がそのモノ自体を代理するのです。

ある患者が，〈**ボウルのゲーム** (a game of bowls) **をしている**〉[9)]という夢を見ました。この遊びの意味は，おわん（bowl）からおかゆへの連想，そしておわんの形状が尿瓶，さらには子ども部屋にあったおまるとその中身を示していることから明らかになりました。このメカニズムは，新生児が鉛めいて（slately）青ざめていて不安になっていたという夢でもご説明しています。あの夢では「鉛めいた」色という属性が，石板（slate）そのものの代理になっ

8) ［訳注］念のためにメトニミーとシネクドキによる婉曲表現の例をあげると，「お手洗い」はメトニミー（ここでは時間的に隣接する外的事象による言い換え。あとでやること（手を洗う）によって先にやったこと（排泄）を指す)，「女と関係を持つ」はシネクドキ（「関係」というより大きな概念によって「性関係」を指す)。この夢では，「室内」を最初の夢で隣接する「路上」によって，また「下部後方から見た裸体」（＝下半身フォーカス）を「前から見た服を着た女性の頭と肩」によって指していたのがメトニミー，「後ろ姿（全身)」を「上半身だけ」で指していたのはシネクドキということになるだろう。が，シネクドキは定義に議論があって，古典的には「部分と全体の関係に基づいて構成された比喩」（広辞苑）だが，広辞苑の例は「花」で「さくら」，「パン」で「食物」と，「種と類」による概念の包摂関係に基づくものになっている。「種と類」型は，今もシネクドキに分類されるが，シャープの挙げた「工場には多くの手がある」のような「部分と全体」型は，今ではメトニミーに分類されることもあって（たとえば航空会社のキャッチフレーズとしての「信頼の翼」はメトニミー)，この夢についてシャープがシネクドキもと言っているものは，現在だとメトニミーに一括される可能性がある。

9) ［訳注］*"he was playing a game of bowls."* 木製の球を使って美しい芝の上でするようなゲーム。"game of bowls" をイギリスのサイト限定で画像検索するとイメージがつかみやすい。

ていました。あの夢は，そうすることで，実際に情動が結びついている石板の墓石というモノからの移動を行なっていたわけです。

強い情動が，一見，重要に見えない要素に結びついている夢の例をご紹介しましょう。〈**よくある黒い水玉模様になった女性用ベールが膝にかかっている**〉[10] のを見たという夢です。患者は言語を絶する恐怖と，ベールに対する憎しみを感じて夢から目覚め，その顕在内容に激しくおののいてしまい，夢について語れるようになるまでにしばらく時間がかかったほどでした。そして，その恐ろしいファンタジーが結びついていた先はベールではなく，ベールの下にあるものだったのです。それは母親の膝にかかわる最初期の記憶でした。母親の膝に伸縮性のストッキングがはりついていて，腫れ上がった膝が破裂するのではないかと怖れたことを思い出したのです。ポイントは，モノそのものから，それをカバーするものへと情動が移動されていることです。

今度は幸福感を生じた夢です。幸福感を生じえたのは移動の成功とともに，不幸な記憶に幸福な記憶がかぶさったからです。夢はこうでした。〈**目覚めよ，目覚めよ，目覚めよ。これがモルダウ川である。ここにヴェンツェスラス王は生き，これがチャールズ・ディケンズの庭に育ったサクランボの木なのだ**〉[11]。この「サクランボの木」が移動の例です。患者は新しい妹ができたというニュースを聞かされた時，サクランボの木にかけたブランコで遊んでいたのを思い出しました。〈**目覚めよ，目覚めよ，目覚めよ**〉は，トイレにいくために起こされるという嫌な記憶と，クリスマスの朝，目覚めてクリスマス・プレゼントを見いだす幸せな記憶が融合したものです。患者はヴェンツェスラス王の物語を，王様が貧しい人々に贈り物をするために旅に出る話として記憶していました。また，チャールズ・ディケンズの『クリスマ

10）［訳注］*"an ordinary black spotted woman's veil drawn over a knee."*

11）［訳注］*"Wake up, wake up, wake up. This is the river Moldau. Here King Wenceslas lived, and this is the cherry tree that grew in Charles Dickens' garden."*

ス・キャロル』については，守銭奴が改心して困った人に大判振舞する話だと語ります。キリスト降誕の物語そのものについては，卑しい乙女マリアに対する幼児キリストという贈り物を思い起こします。ここで夢の願望が浮上します。つまり子どもという贈り物が欲しいのだと。奥深くに潜む尿道的ファンタジーや身体的な経験も示唆されていますが，このセッション中には明らかになりませんでした。そういった示唆は，モルダウ川（Moldau）からの連想にも出てきかけています。モルダウ川からの患者の連想はモウルド（mould，型），鉄の型，尿が染み込んだマットレスの染みと続いたのです。

移動を確保するには，全体を部分で代理させるというやり方もあります。修辞としては「シネクドキ」と呼ばれるものです。例は1つで充分でしょう。ある女性患者がこんな夢をみました。〈**赤ちゃんが生まれるというので，とても興奮しているようだった。服が準備されつつあるのを知っていて，自分でも贈り物を作りたくなった。用意された服の入っている引き出しに赤ちゃん用のスリッパを入れた**〉[12)]。ご想像の通り，この夢は患者が子どもだった頃，やがて登場するライバルのためになされていた準備をめぐる記憶と憶測をもたらしました。夢の第1の意味は，子どもの頃，弟に赤い靴を返したことを思い出したところで明らかになりました。患者はその靴をねたんでとりあげたいと思っていたのです。続いて弟のペニスへの羨望と，ペニスを奪いたいという欲望が出てきます。そして最終的には，母親が妊娠した時の患者の怒りと，赤ちゃんを母親の体からとってしまいたいという欲望が現れたのです。ですからこの夢には全体を部分で代理させ，あるものごとにまつわる表象をあるモノそれ自体で代表させるメカニズムが見られます。たとえば，足の代わりに靴を，ペニスの代わりに靴を，そして最終的には子ども全体の代わりに靴をといった具合にです。顕在夢の償いという内容は，その下に潜む，母

12）［訳注］*"there appeared to be great excitement because a baby was expected. She knew that clothes were being prepared. She wanted to make her own gift too. She put into the drawer with the prepared clothes a pair of baby's slippers."*

親の子どもを奪い取りたいという願望を暴き出すものです。なお，わたしはここでは実際の夢の完全な解釈をお話ししているのではありません。1回のセッションで行けたところまでです。

先に，通りから窓辺に女性をながめる夢で，逆転による移動について詳しくご説明しましたが，夢を見る人がみな真実を明かす後続の夢を見てくれるわけではありませんので，ある種の逆転の夢は解明しがたいものです。

一般的な逆転のメカニズムは，たとえば適切な連想がことごとく，ある出来事が「中」に位置していたという結論に導いている時に，それが「外」で起こっていたかのように表現するといった方法でできています。「天辺（top）」はしばしば「底（bottom）」からの移動を示すものですし，「上方（over）」は「下方（under）」からの移動です。航海中，波風にさらされるという危険をめぐってお話しした「セイウチの頭」に関する夢が示唆するファンタジーのゆきつくところは，頭ではまったくなく，体のもっと下の複数の開口部（orifices）で，だからこそ〈**名目上の長**（figure-head）〉[13]だったのです。ここでも顕在夢は実際には頭の外見を扱っているわけですが，真に情動の動く潜在思考がかかわっているのは，外側ではなく内部なのですし，この例にあっては，荒れた危険な海という外的現実が，身体の危険な内部に関する不安というファンタジーの対応物だったわけです。

次のような夢は興味深い移動の形体を示しています。〈**建物の外についた階段をのぼっていたら，のぼるにつれて階段が崩れはじめ，転落の危険が迫ってきた**〉[14]。このような夢の意味は，自慰して勃起して萎えるということを象徴するものとして，かなりはっきりしています。が，これは，乳児期の実体験，体の中から内容物が「落ちること（falling）」が生じた際の，のぼった体験（experience of climbing）の表象[15]でもあるのです。

13）［訳注］'figure-head' は直訳的には「かたち - 頭」。

14）［訳注］*"I was climbing up some steps which were on the outside of a building and as I climbed the danger of falling became imminent as the steps began to give way."*

15）［訳注］'falling'（落ちる，転ぶ，転落すること）に対する相対的な（比喩的な）'climbing'

抑圧された同性愛という問題が最大の重要性を持っていたある患者の夢では，逆転が複雑なパターンをなしており，夢の顕在内容ではまったく明らかではありませんでした。こういう夢です。〈**「ヒューズ」と呼ばれる男との私生児を産んだという女性と話していたら，その女性がまだ自分と結婚する気はあるかとわたしに訊いてきました**〉[16)]。顕在内容が意味するのは，男性である夢を見た人がその女性の恋人で，彼との私生児を産んだということです。この複雑な夢への手がかりは，セッション最初の15分にありました。理論をくつがえした男性への言及が繰り返されたのです。たとえば「エプスタインは古い芸術の概念をくつがえした（Epstein has turned old conceptions of art upside down）」などと。この「conception（概念，妊娠）」という言葉の具体的な意味が，「くつがえす（upside down）」というフレーズと結びつけば，すぐに肛門からの誕生にかかわる潜在的なファンタジーにゆきつきます。「ヒューズ」は「フーズ whose（誰の）」であるというわたしの解釈によって，夢をみた本人自身が非嫡出子であるという無意識的ファンタジーも表れました。というのも夢の中では彼が「ヒューズ」だったからです。実生活において敏感な耳を持つこの人は，無意識的な語呂あわせだという解釈に激しく抵抗していましたけれども。

今度は簡潔な移動の中に多くの苦痛な経験の圧縮が見えるという夢です。〈**年寄りのX先生に銀紙のボールをあげる**〉[17)]。銀紙はすぐチョコレートの包み紙を思い起こさせました。母親がよくチョコレートを食べていたので，子どもの頃，包み紙を集めていたのです。X先生は彼の誕生にも立ちあっていました。そして5歳までに割礼，扁桃腺の手術，アデノイドの手術を受けています。扁桃腺の手術で麻酔をかける時，X先生は「いいにおいをかがせてあげよう」と言ったのですが，それはむかむかする息をつまらせるにおいで

（のぼること）。

16）［訳注］*"I was talking to a woman who told me she had had an illegitimate child by a man called 'Hughes' and she asked me if I was still prepared to marry her."*

17）［訳注］*"I gave a ball of silver paper to old Dr. X."*

した。大人になったばかりの頃，ある時歯医者に行った患者は「葉巻です，どうぞ」とプレゼントをあげたのですが，歯医者がそれを手に取ると，それはくにゃくにゃだったのです。「ねっ，ニセモノをあげたのに，歯医者は本当にプレゼントだと思ったんですよ！」と患者は言っていました。

象徴化（SYMBOLISM）

潜在思考を歪曲する第1のメソードは象徴をともなうものです。修辞法の1つとしてお話した一般的な象徴と，精神分析における厳密な意味での象徴の違いは，後者の場合，等式の一方が無意識のうちにあるというところです。シミリとは，率直に「これはなになにのようだ」と語るもので，メタファーは2つの既知のものを同一視することです。しかし，無意識による本物の象徴化を理解するには，まず抑圧された対応物をみつけ出さなくてはなりません。

精神分析で見聞したことから，象徴化される思考はわたしたちの実体験における根源的な基本要素にかかわるものだとわかってきました。たとえば，自身の体，生，死，生殖などです[18]。自分自身についてであれ，自分の一員である家族についてであれ，これらの基本要素は，生涯を通じて根源的な重要性を持ち続けますし，そこからありとあらゆる派生的な思考へとエネルギーが流れていくのです。

> われらの最初の感情，われらの影のような記憶，
> それらがなんであれ，
> われらのすべての日々を導く光なのだ[19]

---

18) ［訳注］これは日常的にも「おめでた」，「不幸」，「犠牲者（＝死者）」，「冷たくなる（＝死ぬ）」，「お手洗い」など，婉曲表現が多い領域。

19) ［訳注］オリジナルは以下の通り。ワーズワースの「幼年時代を追想して不死を知る頌」より，田部重治訳。

Our first affections, our shadowy recollections
Which be they what they may,
Are yet the master light of all our day.

象徴化は一方通行でしかありえません。つまり，無意識的精神から，抑圧された無意識的内容を代理する象徴へという方向で，その逆はありません。

ランクとザックス[20]は象徴化について次のように述べています。「象徴化において，性的な意味合いが圧倒的であることは，単に性的な本能ほど強い社会的抑圧を受けているものがなく，それゆえ間接的な表現に極度に敏感であり，またその必要に迫られているからというだけでなく，象徴化の発端として，原始文明が性器と性的機能とに巨大な重要性を与えたという系統発生的事実があるからでもある」。これは象徴化が系統発生的起源をもつことを述べているのです。

さまざまな象徴が持つ意味のバリエーションはきわめて限られています。象徴化が行なわれる場所が違うにもかかわらず示される一貫性というのは際立った特徴で，それは遠く離れた国々の神話が示す通りです。

ジョーンズの見解は，象徴化は個人的素材から新たに生じるほかはなく，類型的なのは象徴が人類にとって根源的，永続的な関心にかかわるものだからだというものです。象徴の一定の可能性の幅の中から選択することは個人にもできますし，フロイトが指摘している通り，それまで使われたことのない象徴を使って思考を表現することも可能です。

But for those first affections,	はた，この世における最初の感動，
Those shadowy recollections,	おぼろなる前世の回想のために捧ぐる。
which, be they what they may,	この感動，回想はいかなるものなりとも，
Are yet the fountain-light of all our day,	われらの日々の生活を照らす光の泉，
Are yet a master-light of all our seeing;	われらの物見る眼の主要なる光，

20) *Die Bedeutung der Psychoanalyse für die Giesteswissenschaften*.（『精神科學のための精神分析の重要性』）

クライン夫人に刺激を受けた研究者たちがイギリスで集中的に行なってきた作業はみな，そのような研究が可能になる遥か以前に示されていたジョーンズの見解[21]が正しいことを裏付けてきました。人は誰しも象徴を新たに作り出しており，そうやって作り出される象徴は，その人の個人的環境と切り離せないものなのです。たとえば水夫ならば船，農夫ならば鍬，都会人なら飛行機や悪臭弾といった具合にです。その意味での象徴の真理について，かつてとてもやさしい言葉で語ってくれた14歳の女の子がいました。「おとぎばなし」についての作文を彼女はこうしめくくったのです。「もし世界中のおとぎばなしが明日全滅したとしても，問題はありません。子どもの心の中には，おとぎばなしが永遠に芽生え続けているからです」。

そのような個人的象徴の例をいくつかご紹介しましょう。ある患者の連想の中では，象徴化の中心的な方法として，養魚池が圧倒的な選択肢になっていました。魚そのもの，漁業という仕事，さまざまな釣りの技法，それらがみな象徴化のためにどんどん使われるのです。魚は折々の必要に応じて排泄物や子どもやペニスを表していました。その患者は幼児期から思春期までを大きな養魚池のある屋敷で過ごしたのです。また別の患者は，ありとあらゆるファンタジーをヨットの上で展開してくれました。この患者は幼児期から思春期までの長い期間を海のそばで過ごしており，分析の際最もよく出てきた象徴は船に関するものでした。

個人的象徴としては織物の機（はた）と杼（ひ）というのもありました。大きな四角い機はベッドに対応し，杼はペニスを，糸は精液を，糸から生地を作ることは子どもを表していました。こういう独特の象徴を採用するに至ったわけは0歳時にまで遡ります。0歳の頃，患者は両親と一緒に田舎住まいの大叔母を訪問しており，父親，母親，子どもが，四本柱のベッドで一緒に寝たのです。患者はこの時も，少し大きくなった子ども時代にも，その地方で絹織物の機を見になんども連れて行ってもらっています。その後，子ども時代，機の上

21）*Papers on Psycho-Analysis*. Chapter VII, page 154.

で素早く飛び交う杼に心を奪われたことを彼女は覚えていました。ファンタジーにおいては，機に座り前かがみになって杼を投げ交わす男性が，乳児期に四柱ベッドで見た光景の意味にすっかりとってかわっていたのです。

さらには糸，絹，綿，紐が，ほかのどの患者にも見あたらないほど重要性を持っていました。子ども時代と思春期を通じて繰り返された悪夢は糸に関するものでした。糸というのは，ミルク，水，精液の象徴として，ごくありふれたものですが，分析において，それだけが排他的に選ばれるというのは，外的環境が特殊な刺激を与えていたのでなければありえないと言えるでしょう。この機織りという仕事に関する作業で，無意識的ファンタジーの象徴として出てこなかったものはありません。

杼はペニスを，杼によって運ばれる糸は精液を，そして，杼が行なう作業の結果である織物は子どもの象徴でした。杼にかけた糸が切れると，現実に機を織っている場合，一時的に作業を中断することになりますが，それが去勢の象徴になっていました[22)]。

ある患者が生まれ長年育った家からは，少し行ったところに丘があり，丘の中腹に，小さいとはいえ明らかに高原と言えるものがありました。実際この高原にのぼった記憶は，子ども時代も終わりの頃になってはじめて出てくるのですが，ある夢で，自分がその高原を両親の膝の象徴にしていたのがわかった，子ども時代初期のなにか情動的な出来事が，その高原に移しおかれている，と患者はわたしに語りました。

夢に見られる類型的象徴が，突然，現実的かつ生々しいものになったという興味深い分析的経験があります。夢を見たのは50歳の女性です。きわめて単純な夢でした。〈**わたしは列車の中にいて，列車がホームにとまり，わたしはホームに降りました。ホームにはほかにも列車から出てきた人たちが**

22）［訳注］当時の写真で機を織る男性の姿を見ると，ベッド上の光景との類似性は一目瞭然。シャープの伝記的情報を検討すると，この患者はシャープ自身で「大伯母」は母方の祖父の長姉エミリー・ウェブだと思われる。

いました。その人たちが列車の中にいるのはまったく見なかったし，列車から出てくるのも入っていくのもまったく見ませんでした〉 [23]。この夢に対する意識の側の感想は退屈だというものでした。患者はこう言いました。「どうしてこんなにおもしろくないものを夢に見なきゃいけないのかわかりません」。そして話題はほかのテーマに移りました。そして分析時間が半分ぐらいまできたところで，ふと，前の晩に見た映画の話になります。彼女は「ミッキー・マウス」の話に熱中し，ミッキー・マウスがいかにキリンの首を飛び降りていったかを次のように描写したのです。「長い首にずっと窓がついていて，ずっとミッキーが見えてるんです。ミッキーが入っていくのも，出てくるのも見えるんです」。そこでわたしが気づいたのは，ある子どもが，新鮮でわくわくする現象として，はじめて列車を見た時があったのだということです。入っていくのを見なかった人たちが出てくるのです。そういう瞬間に，列車が人の身体の象徴になりうるのです。いかに類型的な象徴に見えようと，象徴はかつては新鮮でわくわくするようなものであった，外界・内界を含む世界に対しての最初の関心の証になっているのです。このような例をご紹介してきたのは，象徴化されている願望が根本的に画一的であるにせよ，人が実際に象徴を選択する際には，新たに個人的素材から作り出されるのだ [24] ということをお示ししたかったからです。

ドラマ化（DRAMATIZATION）

夢のメカニズムのうち，まだご説明していないのがドラマ化と二次加工です。ドラマ化というのは，荒っぽく言えば，夢のメカニズムが潜在内容から

23）［訳注］*"I was in a train, it drew up at a platform and I got out, and then I saw others were on the platform who had got out of the carriages. I never saw them inside, I never saw them get out or get in."*

24）［訳注］シャープの個人的象徴の強調は，当時の主流フロイト派の象徴の理解とは重心が異なり，前述の刊行時の書評で批判されている（Reik 1938）。

発展させたものの，顕在夢における再演（representation）だと言えます。映画のフィルムが各人の私的・内的映画館で上映されているようなものです。このドラマ化は，ときに聴覚的表現の場合もありますが，圧倒的に視覚的イメージによってなされます。夢におけるドラマ化は，詩的語法に添えられる挿絵のようなもので，具体的なイメージによる思考への先祖返りなのです[25]。夢を見る人自身がその劇に参加することもあれば，傍観者としての経験であることもあります。明らかに単なる傍観者に留まっている場合，そこにあるのは自身の外部で生じた出来事を主体的に目撃した経験です。夢のナレーターは，まるで登場人物が客観的に存在するかのように語り，おかげで登場人物も夢の中ではそれらしく行動し，言葉を発するのです。そこでは，夢が，夢を見ている人による創作であるという認識は欠けています。クライン夫人[26]は，子どもの見る夢が彼らのする遊びときわめてよく似ていることと，分析にあたって子どもが夢の中に出てきた要素を演じ出す（act out）ことを指摘しています。遊びの中で，子どもは単に苦痛な現実を克服するというだけでなく，欲動をめぐる恐怖や内的危険を外界に投影することによって克服しているのです。

欲動をめぐる内的危険を外界に移動することで，子どもはそれらに対する怖れを克服できるだけでなく，それらに対する備えを一層かためることにもなります。フロイトは夢は眠りの守護者であると言いました。夢に見られるドラマ化は，不安を投影して乗り越え，刺激をコントロールしようとする精神内部における主体的試みだと考えることができるでしょう。

劇，ドラマは，夢と同じ素材に由来します。あるお芝居を劇作家の内的生

25)［訳注］初版時の『夢判断』でいう「表現可能性への顧慮」。これを 'dramatisation' と英訳したのはアーネスト・ジョーンズで，シャープが推薦図書としてあげている 1912 年に刊行された *Papers on Psycho-Analysis* においてである。後年のスタンダード・エディションでは 'representation' という，直訳として誠実ではあれ意味のわかりにくい訳語になったが，シャープの解釈理論においては 'dramatization' という訳であることが決定的に重要。

26) *The Psycho-Analysis of Children*, page 8.（『児童の精神分析』）

活という観点から分析するには，芝居のプロットと全登場人物を作家本人の複数の局面，すなわち作家が自身を想像上のキャラクターへと投影したものとして見る必要があります。時代劇の場合でも，作家の選ぶ人物は，自身の精神内での葛藤を代理表象する役柄を投影しうる人なのです。夢は芸術が育てられる母胎です。「われわれ人間は夢と同じもので織りなされている[27]」のです。夢の世界は舞台世界であり，そこでは夜な夜な「男ひとりの一生の，そのさまざまの役どころ[28]」が演じられているのです。

児童分析の場合，クライン夫人が示した通り[29]，子どもは自分の夢を演じ(plays)，理解を深め，いくつもの役柄を実演します。大人の場合は，夢を探求することで同じ目的のいくばくかをなしうるというところに夢分析の価値があります。内的ドラマは対象化され，物語の設定は現在に舞台を移し，分析室の中ではドラマにおけるさまざまの役柄が，早変わりの役者もけして及ばぬ速さで分析家から患者へ，患者から分析家へとめまぐるしく移動するのです。

そのドラマは，構造的に内在する制約を受けます。時間という要素も制約の1つです。3時間の舞台で現実には長い年月にわたる物語が演じられもします。劇としては悲劇で，数々の不幸，それもことさらに悲惨な不幸を描いたものであっても，「芸術作品」としては満足と非常な喜びをもたらすということもあります。芸術は物語の素材に独自の内的な法を課し，言葉の美しさ，韻律，調和，均整といった方略で作品の統一を生み出し，その統一のうちに不調和から調和への解決がなされるのです。

早産に終わるドラマもあります。さまざまな夢のメカニズムが，相争う力という素材，1つの夢のうちに長年の歴史を表現しうる素材から，1つの作

27）［訳注］“We are such stuff as dreams are made of.” シェイクスピア『テンペスト』，プロスペロのセリフ。普通は “We are such stuff as dreams are made on.”

28）［訳注］“one man in his time plays many parts” シェイクスピア『お気に召すまま』，ジェイクイズのセリフ。

29）*The Psycho-Analysis of Children*, page 176.（『児童の精神分析』）

品としてなにか統一性のあるものを，たとえばドラマによる昇華からわたしたちが得るような，諸力のバランスをとり諸情動を中立化するものを作り出そうとするのです。そのようなバランスと中立化が達成されない時，現実の芝居が不出来な時に感じるのと同じように，夢が不快な情動を残したり不安が夢を邪魔することになり，情動が痛いほどかきたてられることになったり，全体として備給を受けずに終わってしまうわけです。

では，単純なドラマ化の例として，心中の相争う部分をそれぞれ代表する役柄を割り振る人格化を見てみましょう。患者は〈**妹と一緒にお墓のそばに立っていた。妹はひどく泣いていて，感傷的にならないように妹を叱っていた**〉[30] という夢を見ました。お墓は〈**沈丁花**（ダフネ）**の植え込みで囲まれていた**〉[31] と患者は言い，妹の名がダフネであることから，埋められているのが妹であることは明らかでした。妹に死んでほしいという願望との懸命の取り組みが，現に妹が夢の中にいることによって証明されています。妹にどいてほしいという望みと，その望みに対する妹の悲嘆を黙らせたいという望みの双方を妹に伝えようと試みていることからも，それは明らかです。この願望は，妹との同一化によっても扱われています。というのも，連想から，かつてちらっとしか知らない女生徒が死んだ時，極端な悲嘆にくれていた彼女自身が感傷的だと批判されたことがあったとわかったからです[32]。ここでもう一度，お墓が沈丁花の植え込みで囲われていることに注意してください。沈丁花は生き生きと花を咲かせています。この事実は，特に多重決定性の強いこの夢が，魔術的に願望充足をやってのけていることを告げています。この夢は単に死んでほしいという願望を扱っているだけでなく，生き返らせたいという願望

30）［訳注］*"she stood by a grave with her younger sister. The younger sister was weeping copiously and the dreamer scolded her for being sentimental."*

31）［訳注］*"was bordered by shrubs of daphne,"*

32）［訳注］これはシャープ自身の夢のようにも見える。シャープは三人姉妹で真ん中の妹は通称「デイジー」，同じ学校で教員をしていた。シャープは第１次大戦で元教え子を失ったことも引き金となって，鬱状態で心理療法を受けはじめ，それをきっかけに分析家に転じた。

や力をも扱っているのです。

ではまた別のタイプの例を見てみましょう。患者は次の夢を報告しました。〈**友達がわたしのほうにきてきくんです，「最近，例のバタンインコはどう？」と。わたしはなぜか友達が鳥のことではなく人のことを言っているのだとわかって，夢の中で「誰のこと言ってんの？　わかんないんだけど」と言いました。友達は「誰ってお前の分析家に決まってるじゃないか」と答えました。「わたしは非常にショックを受けて彼を叱りとばし，わたしの分析家のことを二度とそんな風に言ってはいけないと言いました」**〉[33]。分析を進めていくと，分析家をバタンインコと呼んだ件より重大な発見がもたらされるのですが，しかしこの夢は，あるがままで非常にすっきりと精神の異なる部分を異なる人物で表すドラマ化を示しているだけでなく，衝動と検閲の双方をきれいに表明するやりかたも示しています。

抑圧されている記憶やファンタジーを明るみに出す過程で，夢は分析家と患者に現実の葛藤をめぐる役柄を活発に割り振ってきます。現在の葛藤——たとえば自慰ファンタジーについての解釈をはじめて行なったあとには，患者は禁じられたことを口にしたとして，（分析家の偽装である）ある人物を激しく叱責する夢を見るかもしれません。その場合，エスと超自我の役割が入れ替わっており，患者が超自我の活動を，分析家が禁じられた性的活動を代理しているわけです。

これまで聞いた中で最高におもしろく，また曖昧な夢の１つが非常によく示しているのは，夢におけるドラマ化のうちには，投影することで刺激に対するコントロールを回復しようとする努力が見られるということです。フロイトは投影の起源を「痛みの過剰をともなうような興奮に対する行動形成である。そういった刺激に対して防壁という防衛手段を講じうるように，刺激

33）［訳注］*"A friend came to me and said: 'How is the cockatoo these days?' I knew somehow my friend was referring to a person and not to a bird. I said in my dream: 'Whom do you mean? I don't understand.' He replied: 'Your analyst of course.' Whereupon said the dreamer: 'I was very shocked and scolded him and said I never spoke or thought of my analyst like that."*

を内部からではなく外部から作用しているとみなす傾向があるのだろう」[34]と見ています。ある大人の患者から聞いた2つの夢は，〈**住んでいる家より通りの奥のほうにある1件の家**〉[35]にかかわるものでした。彼は夢の中で〈**その遠くの上の階の1室で起こっていることと，叫び声を聞いたような気がすること**〉[36]について心配を募らせていました。そこからの連想と，突如，患者が耳に刺激を感じたことから，わたしはこの夢が患者自身の記憶にはないトラウマ的出来事，つまり小さな頃に受けた耳の手術を別の家に投影した表現だと結論しました。夢の中ではその出来事は患者の外部で起こっています。誰か外にいる人の叫びが彼の耳に届くのです。しかし分析時間中に現に耳に生じた感覚と，患者が「『出ていけ，出ていけ』と言いたい感じです」と言いながらした劇的な手振りは，患者にはその記憶が実際にはなくとも，きわめて幼い時期のトラウマの表象にまでわたしたちが到達していることをはっきり確信させるものでした[37]。

二次加工（SECONDARY ELABORATION）

二次加工は，多層的な潜在思想から一貫性のある物語を成り立たせるメカニズムです。これはほかの夢のメカニズムとは違って，精神のより意識に近いレベルで起こります。潜在思想と願望は，圧縮，移動，象徴化のプロセスによって偽装され，より意識に近い精神的活動によって，一見，論理的な物

34）［訳注］「快感原則の彼岸（*Jensaits des Lustprinzips,* 1920）」から。シャープが引用した訳は，1922年刊行のC. J. M. Hubbackのもの。原著巻末のBibliographyは1978年にnew editionになった際に改変されており（訳者解説参照），フロイトの著作については シャープの死後1953年刊行のスタンダード・エディション（以下*SD*）4・5巻（*Dream Analysis*の巻）があげられている。この引用箇所は*SD*で言うと55年刊行の18巻29頁。

35）［訳注］“*with a house farther down the street from which he lived.*”

36）［訳注］“*the happenings in this distant upper room and thought he heard a cry.*”

37）［訳注］「抑圧されない無意識」（第3章脚注17参照）もあるとみなすシャープのスタンスがはっきりするところ。

語に仕立て上げられます。さらに，夢思想[38]は，夢が意識に到達する前の最後の検閲を突破するための隠れ蓑として使える材料を前意識の中から探してきます。その例をご覧に入れましょう。前にもお話した患者さんで，たいへんな喜びの中で目覚めて〈**ありもせぬ空なる無に，それぞれの存在の場と名前を授けるのだ**〉と繰り返していたかたのことは覚えていらっしゃいますね。彼女が夢そのものを思い出せなかったのは，潜在的夢思想が前意識のうちに韻文の１節として貯蔵されていた完璧な伝達手段を見いだしたからでした。この断片をめぐる自由連想は，断片そのものがまるで夢であったかのように，すぐさま，あまり心地よいものではない潜在思想を明らかにしたのでした。

第６章で「魔法使い」に関する夢をお話します。そこで潜在思想が利用した前意識素材は，子どもの頃に読んだ魔法使いに関するおとぎばなしと，その本にあった挿絵でした。患者はそういう話は苦もなく詳しく語れたのですが，頭に浮かんだ言葉「おばけ（bogy）」に関する連想を口にするのには非常に困難がともないました。というのも，こちらは彼が忘れておきたかった前夜の出来事を思い出させるものだったからです。かわりに「おばけ」をめぐる連想が，父親に関するファンタジーを明るみに出しました。この章のはじめにお話した〈**目覚めよ，目覚めよ，これがモルダウ川である。ここにヴェンツェスラス王は生き，これがチャールズ・ディケンズの庭に育ったサクランボの木なのだ**〉という夢は，二次加工という観点からも興味深いものです。かろうじて表面的一貫性が作り出されているものの，ばらばらの要素が容易に見て取れます。

二次加工は，夢を意識的な心的過程と調和させ，修正し，意識にとって理解し，受け入れられるものにしようとする試みなのです。アーネスト・ジョーンズ[39]は，合理化として知られるプロセスに緊密に結びつくものだとし

38)　'dream thoughts'「潜在思想／思考」の言い換え。
39)　*Papers on Psycho-Analysis*. Chapter VII, page 204.

ています。

夢の二次加工，すなわち，ばらばらの要素を一貫性のある全体へと溶接する作業は，作家（creator）の精神において，意識に近いレベルで生じる活動の無意識的相似物なのです。芸術家は，芸術作品として実を結ぶ精神的活動に意識的に参加するのですが，夢の二次加工のほうは意識未然のレベルで行なわれます。意識的自我はそこにはまったく参加していません。

第3章　精神分析の実践における夢の評価

1. 精神分析技法の礎石
2. 分析家にとっての夢の価値
3. 前意識を探索する価値（フロイトとジョーンズの業績参照）
4. 願望充足への糸口は潜在内容である
5. 便宜の夢
6. 夢の潜在内容以外の夢の価値例解

フロイトの『夢分析（*Interpretation of Dreams*）』は精神分析の最初の教科書です。フロイトによる無意識の発見は，夢の重要性を関心の前景へともたらしました。精神分析が治療をはじめたばかりの頃，分析技法は，患者の注意を分析時間中ずっと夢に向けさせ，患者が関心を示しそうな他の話題をことごとく排斥せんばかりでした。「自由連想（free association）」は時に，事実上，夢に関する自由連想を意味していましたし，夢以外のことをあれこれ話そうとする患者は，分析に「抵抗（resistance）」を示していると見られることもありました。分析技法は，ほぼ夢分析の技法と同義だったのです。ありとあらゆる夢が無意識精神へと到達する唯一の道として熱心に用いられ，夢を見ない患者は，夢を唯一の鍵とする分析家にとって，たいへんな問題だったのです。

わたしたちは，夢が不可欠というわけではないことを知っています。分析時間中に言われたこと，なされたことすべてを，わたしたちは夢と同じように重要なものとして扱いますし，問題は，その正確な意味を見つけ出すことなのですから。

ときにはこの振り子が反対側に振れて，患者を分析する手段としての夢の過大評価が過少評価にとってかわったとしても，たいして危険はないのではないかと考えることもあるでしょう。ですからわたしたちは夢の価値を再度吟味し，夢に関する総合的評価を行なう必要があるのかもしれません。

心に留めるべきは，夢分析が精神分析の礎石であり，おもにそのような夢分析でもって患者が治癒に至ったので精神分析は新たな療法として支持を得たということです。今も，夢は重要かつ無意識的な精神の葛藤を理解する手段としてほとんど不可欠なものだとわたしは思っています。

まず最初に，患者の夢を理解することによって，分析家自身が得るであろう利点を見てみましょう。夢は分析作業においてある種の参考資料になります。もし夢が分析できれば，それによって患者の全般的な連想の展開やジェスチャーや行動の解釈が，どの程度的を射ているかがわかります。分析家はいずれ行なった解釈への補強証拠を得るか，でなければ患者の夢が，分析家はことの流れをつかめていないと告げることになるのです。わたしは，患者の語る夢すべてを分析家が理解できると言っているのではありません。また，1つの夢からそれに続く夢へと，精神的な問題をきれいに辿ってゆけると言っているのでもありません。最初から結末が見えているとしたら，それは神というものです。わたしが言いたいのは，分析家は折々，分析的解釈が正しかったことを示す夢が語られているのに気づくということです。というのも，ある解釈をすると，それに続いてその解釈を裏付ける夢や，関連するテーマの要素がさらに展開されている夢が見られるからです。どういうプロセスのことを言っているのか，例でお話ししましょう。ある患者が，分析時間中，壺に房状の花が生けてあるのに目をとめました。彼女はそれが落とす花粉について話し，それから，自然の豊かさについて語りました。彼女の思考は，豊かさと気前のよさという着想に，言うなれば「波長があった（tuned in）」のです。思い浮かぶ人たちはみんな，あるタイプの，お金や考え方や愛情において気前のよい人たちでした。分析家が「お父さんのことを気前よく与えてくれる人だと思っていた時期が確実にあったようですね。良いものをたくさんもっていてそれを気前よくくれて，それがとても気前がいいので，お父さんはムダにならないかどうかなど気にせずにいられるのだと思っていたようです」と言うと，患者は不審な様子で「でもわたしが覚えている限り，父は２つしかプレゼントをくれませんでしたけど」と言いました。「それは覚えている限りでの話で，あなたは４歳以前のことは覚えてらっしゃらないのでしたよね？」と分析家は言います。患者は同意します。翌日，患者は「流れる水（running water）」を主な要素とする夢を語ります。その夢は，はじめて滝を見た時のエクスタシーの記憶へといたる連想を喚起しました。そこでなされる推論は，彼女がその種のエクスタシーをはじめて感じたのが乳児期に排尿中の父親のペニスを見ている時だったということです。その分析時間中，患者は突如，ぶら下がっている果物のビジョンを得ます。鈴なりの梨だと彼女は思い，最終的には患者自ら，その絵柄は原始的な口唇的欲求が乳房や乳首に似たかたちのものから幻覚的充足を得ていた乳児期に見た父親の性器を表しているのだろうと言いました。この例は，分析家の目から見た夢の価値を示しています。つまり解釈の正当性のある種の試金石としてということです。夢は，分析家がちゃんと患者の無意識的精神に触れられているかどうかを教えてくれます。世の中には，与えられた素材だけでは部分的にしか解釈できない夢もあります。分析家が理解しているのは，展開してゆく状況のわずか一部にすぎません。一方，世の中には，分析家が行なった正確な解釈を裏付けたり，それをさらに詳しく述べる夢もあります。そういう視点からは，分析家がなすべき作業を把握しておくうえで，夢は分析家には欠かせないものなのです。

夢がもつ別種の価値についてお話しましょう。まず，フロイトやジョーンズによる夢の解釈のディテールを折々再読することは必要です。あれらの分析は，古典的事例として，今日的な情動の状態と現在の日常が与える刺激を明るみに出すものです。ある種の情動的状況を超えてしまうと（beyond certain affective situations），フロイトは自身の子ども時代に結びつけて，そういった夢は，記憶の素材についても深部に横たわる無意識的ファンタジーについても多くを提供し得ないと言ってしまってよいと考えました。わたしたちもそうした期待はできないでしょう。フロイトが，ある意味，乗り越え不能であることを示したのは，前意識思考における強烈な枝分かれであって，そこでフロイトは願望充足を心的に容易にやってのける目的での圧縮，移動，象徴化，ドラマ化という歪曲のメカニズムを詳細に説明したわけです。

フロイトが現にやってみせた夢分析は，圧倒的なスケールで，現在の情動の状態や葛藤を今日的な出来事という観点から理解する手段として，1つの夢をめぐる連想の価値をわたしたち分析家に示しています。フロイトの夢分析は，前意識の探求的自己分析の例であって，怖れを知らぬ精神が，素材をもとに推論を行なうに足る自己をめぐる知識を十分に得た時になしうる種類のものです。それらの夢は，夢のもつ1つの価値，すなわち自由連想による重要な今日的刺激と今日的葛藤と情動のセッティングの探求へと，わたしたちの注意を引きつけます。今日的道具立て抜きには，わたしたちは心的生活をまとまり（unity）として理解できませんし，しようとしても無理なのです。たしかに，夢の象徴的解釈によって，母親から子どもを奪いたいと望んだがゆえに，あるいは2歳だった幼い弟に死をもたらしたのは自分だと全能的に信じこんでいるがゆえに，この女性は無意識に自罰的になっているのだといったことは知りうるかもしれません。しかし，その原始的な願望や信念や罪悪感が，どんな風に今日の生活の中で作用しているかを教えてくれるのは，前意識や意識における夢の探求なのですし，分析にあっては，分析家への転移に関する夢の探求なのです。

結婚し，成人した子どものいる50歳の女性にあって，その無意識的葛藤が，具体的な今日的状況や今日的思考を支配しているのです。半生以上にわたって，精神的な組み立てが，遠い過去のものであるこの大きな核につらなるかたちでなされてきたのです。この女性の場合，分析第1週目にもそのような解釈はすでに可能でしたが，分析家はそういう手品的解釈でこういう患者の心理的方向付けを変えようとするものではありません。分析家は，その過去が今もまだ現在の中に生きていて，置き去りにはできないものなのだと示さなくてはなりません。それを示す唯一の方法は，現在に生きる人々をかつてのイマーゴにおける役柄にあてはめてみて，過去の状況に対応する現在の等価物が何であるかを見いだすことによってなのですし，そうやってわたしたちは延々と繰り返されてきた一定の結末を認識することができるのです。長年，彼女の夫は，彼女のために次から次へと家を用意してきました。が，結果はいつも彼女の関心が徐々に薄れ，結局その家が嫌いになって出てゆかねばならないという決定に至るものでした。それから彼女は長い休暇をとり，その後，彼らは新たなスタートを切るのです。この女性の落ち着かなさを，1つの要因で説明するのはかなり無理があります。が，ともかく，1つ疑いをいれない要因は，自分の弟を追い出したいという願望と，追い出したという信念を償うために，自身を家から追い出すという自罰です。ここでのポイントは，夢は前意識探求の1つの手段であるということ，そして意識されている今日的な感情や葛藤の状態と相関する前意識は，今日にもちこされた過去の葛藤をも含んでいるということです。この手段は，転移においてであれ，患者の全活動にわたる広範な生活においてであれ，抑圧されている記憶や無意識的葛藤が，どこまで現在の生活や行動に好ましからぬ影響を与えているか，推定することを可能にするものです。

もう大人になった患者が，現在の生活の中で，オリジナルのトラウマから同じ結末と異なる結末の双方を魔術的に引き出すために，繰り返し持続的に再演を強いられるという大きなトラウマが抑圧されている場合，夢がその状況への手掛かりとしてはかりしれない価値を持つことにわたしは気づきました。実生活においてこのようなドラマ化は恒常的に起こっています。たいしたトラウマでない場合，現実生活によからぬ影響を与えることもなく無害であるかもしれません。たとえば，昼間お風呂にはいると朝や夜のお風呂にはない幸福を感じるのはなぜなのか，長年わからなかった患者がいます。分析の過程で発覚したのですが，5歳の頃のある日の午後，ひとりにしておかれた彼女はアルバムにスクラップを貼るための糊の壺に夢中になったあまり，スクラップを貼っただけではおさまらず，部屋の家具にも糊を塗りたくるに及び，ついには自分にもべたべたした糊を塗りたくったのでした。帰宅した父親は彼女の手を叩きました。彼女にとってははじめての体罰でした。この騒ぎに続いて家具が洗われ，彼女自身もお風呂にいれられます。すっきりさっぱりした状態になったところで子どもはふたたび父親に対面し，今度は許されキスされました。40 歳になってなお，午後のお風呂が患者にもたらす罪状消滅感は単なる清潔以上のものなのです。また付け加えておくと，そういう無意識的ドラマ化としての意味合いを知ってからも，午後のお風呂の満足感が薄れることはありませんでした。これは小さな無害なドラマ化の例です。が，より深刻なタイプのものも生じます。こうしたドラマ化が，本質的に乖離されたトラウマ的出来事の再演として構成されている時，夢はドラマ化のプロトタイプを蘇らせる重要な手段になりえます。次の夢は，長くわけのわからない分析の末に，患者はドラマ化を強いられているのだという洞察をもたらしたものです。この夢の解釈は，患者に直接は確信をもたらしませんでしたし，その記憶も蘇らなかったのですが，それにもかかわらず，以来，現にドラマ化を行なった際に，以前ほど深刻な結果がもたらされなくなったのです。それはこんな夢です。〈**わたしは G にさようならを言い，彼女を見送って，今度はあなた [分析家のこと] を振り返って抱きしめ，さようならを言おうとしました。でもわたしは竹馬に乗っていたので，手を放してキスしようとかがみこめば足元が崩れるというジレンマに陥っていました**〉[1)]。連想から，夢の中の分析家が子どもの頃の患者を示しており，夢の中の患者は祖父母だと解釈することができました。患者は彼女が２歳の頃に起こった事件を，実際，記憶にはないものの，聞かされていました。祖父母が子どもにキスしようとかがんだ時におじいさまが発作で倒れ，それが元で亡くなったのです。ここでは死をめぐるファンタジーに踏み込む余裕はありません。が，結局それは，この子の持つ愛の衝動と分かちがたいものでした。ここでみなさんに理解していただきたい点は，この夢が，無意識に患者が持ち出し繰り返していたジレンマへの最初の手掛かりになったということ，そしてそれが最も深い不安でがんじがらめになっている発達初期のトラウマに対処しよう

1）［訳注］*"I said good-bye to G. and sent her away and then I turned to you to embrace you [i.e. the analyst] and said good-bye. But I was standing on stilts and my dilemma was that if I let go my hand on the stilts to bend forward to kiss you it would mean my legs would give way and I should fall."*

とする試みであったということです。というのも，このトラウマは，よい対象が死によって突如劇的に失われるというもので，単にファンタジーにおける損失ではなかったからです。

さて，ここまででは，夢の価値として分析家が無意識にどこまでついていけているかを測る方法として夢が試金石となるということをお話してきました。分析家は，自分が行なった解釈について，のちに夢によって確証を得たり，より詳細に語られるのを見ることになるのです。

また，遠い過去がいまだに再演され続ける場としての現在のセッティングを教えてくれるものとして，また，古いドラマを再演している現在の人々や，現状に見いだされる過去の鋳型による新たな代替品や，今日的な言い回しによって罪悪感がなだめられる方法や，かつての反抗が再演される時の方法を分析家に教えてくれるものとして，前意識を探求する価値についてもお話しました。

次に見ておきたいのは転移に関する夢の価値です。ここでも，夢は転移分析の正確さをはかる試金石になります。分析家は夢に助けられて，自分の上に無意識的に転移されているのがいったいなんなのか，また誰が転移されているのかをきちんと追ってゆけるのです。分析家は，患者に利益をもたらそうと思うのなら客観性を保つ必要があります。そして，転移の分析しか，究極的には現在における過去を分析する方法はないのですし，ひいては無意識的葛藤を分析する方法もないのです。夢は夢をめぐる連想とともに，過去と現在の橋渡しとして他のなにより優れています。分析家は単に今現在だけ，無意識的な問題が転移される対象になっているにすぎません。分析家が転移について保つべきはこの見方です。また，そのように分析家に転移されているのが，発達における幼児的要素なのだという事実を照らし出して正しく理解させてくれるものとして，夢ほど優れたものはないのです。分析家は自身に向けられた陽性転移を，完全な人格による恋愛生活に相当するものとみなそうなどという気を起こすべきではなく，精神の内部での葛藤が転移された感情として見るべきなのです。患者は当然，さまざまな段階で分析家に対する自分の感情を成熟した大人のそれだと考えるわけですが，分析家は患者に真の愛情生活をもたらすつもりなら，（現実から）隔絶された分析時間というのが，その場でのみ実現され理解されつつあるまったくのファンタジーの一部に過ぎないという事実を決して見失ってはならないのです。夢が大きな助けになり中和剤にもなるのは，夢の内に転移されているのがなんなのか，どんな状況が演じられているのか，分析家にどんな役がふられているのか，過去のどんな感情的状況が再演されているのか，分析家が見ることができるからです。

それは夢分析における基本原則とでも言うべきものに直接かかわっています。この原則には例外も多いのですが，原則を軽視することで分析家が陥る窮地のほうが，数ある例外を軽視するがゆえに落ちる穴より多いはずです。その原則は，夢の意味は顕在内容を分析して潜在思考へと至ることによって突き止められるものであるということです。どんな夢でも，まず衝動的に顕在内容として示されている意味で解釈したくなるものです。が，この衝動は，分析家本人も患者と同じぐらい抑制しないといけません。そうする以外，願望充足としての夢を理解する道はないのです。でないと，患者だけでなく分析家までも，夢の顕在内容について「これが願望であるはずがないじゃないか」などと言うようなことが起こりかねません。夢に示されている願望を知るには，潜在思考を知らなければならないのですし，さらに潜在思考（それは対立願望を示している可能性もありますが）に加えて，移動や，ぱっと見では不整合に見えるものをもたらす心的諸力のことまでわかっていないといけないのです。もし，あらゆる夢は単に願望充足だと，顕在内容として示された夢について言うとしたら，それはもう部分的な真実が嘘の領域に迷いこんだというものです。

不安夢の単純な例を見てみましょう。夢があるがままで願望充足だなどというのは，まったく馬鹿げています。〈**男の人が映画のために演技しています。彼は芝居のセリフをいくつか言うことになっていて，カメラマンや録音技師もそこにいます。が，いざという時になって俳優はセリフを忘れてしまい，何度も何度も試みるのですが成功しません。フィルムを何本も無駄にしてしまったに違いありません**〉[2)]。この夢を見た人は，俳優が大事なところで失敗するのを見てたいへんな不安を感じました。

このような夢が，いくつかの願望の葛藤を表しているのだとわかるのは，その潜在内容を理解した時です。カメラマンも録音技師もそのためにそこに集められているのに，俳優に演技してもらえないのです。俳優がセリフを忘れているからです。夢を見た人の不安を引き起こしたのは，顕在内容中，みんなが彼が喋るのを待っている時に喋ることができないという事実です。しかし連想から明らかになった幼児期に実際にあった状況では，夢を見た人が，一緒に「行為中」だった両親を見物していたのです。この赤ちゃんが，本来のカメラマンであり録音技師なのであり，彼は両親の「行為」を騒音によってやめさせたのです。赤ちゃんは自分のセリフを忘れてはいなかったのです！　（夢がひきおこした）不安は，本来，実際に行動することに結びついていたもので，いざという時に行動を棄権することに関するものではなかったのです。これは覚えておくと常に役に立つのですが，本来の不安というのは，わたしたちが欲動生活において行なったことや行なおうと望んだことに関するものであって，何事かを行なわなかったという罪に関するものではないのです。夢の中では「抑圧されていたものの回帰」が〈**何巻ものフィルムが無駄になったに違いない**（*Rolls of film must have been spoilt*)〉という要素として出てきます。これはメトニミーの技法によって，赤ちゃんがその瞬間，大量の便を出しえたことを物語っています[3]。

この夢に示されているのは精神活動の中でも最深部に属すものです。ここには，この乳児が行なった光景と音声の記録，視覚と聴覚による原光景の組込みが存在しています。そして，その時とり込まれたシーンの証拠を，わたしたちは夢におけるドラマ化という投影によって得ているのです。ここでは近代の発

---

2)　［訳注］*"A man is acting for the screen. He is to recite certain lines of the play. The photographers and voice recorders are there. At the critical moment the actor forgets his lines. Time and again he makes the attempt with no result. Rolls of film must have been spoilt."* 原光景を描いた夢として，フロイトの狼男の夢に比されることもある。

3)　［訳注］'roll' の形，'film' の色，幼い子どもが 'spoil' する（台無しにする）としたらなにをもってか，といった連想から。

明である映画のスクリーンが適切な象徴として用いられています。近代的外部装置スクリーンが内的な夢の映像（化）メカニズムに対応しているのです。

オリジナルでの見物人はアクティブな行為者になっています。分節化された言葉によってではなく無駄になったフィルムから結論されうる彼に可能だったある行為，つまり便を漏らし音を立てて注意をひきつけ，行為中の人たちを停止に追い込むことによってです。さらに，情動の移動，つまり本来の願望を対立願望（counter wish）で置き換えるという，不安を解消しようとする夢の作業によって，欲望間の葛藤がミニチュア的に示されています。

根本原則は，顕在夢を潜在要素へと分析してゆくことです。が，転移夢ではとりわけ患者は夢を顕在内容で解釈しようとします。そういう夢を個々の要素をバラバラに扱い，幼児期の状況を掘りかえし，分析家が代理人となっている人物を探しだすという分析にかけることには，しばしば大きな抵抗がともないます。強い陽性転移や陰性転移のさなかにあって，夢は幼児期の切望（longings）を見事に総動員し，それを分析家として実に力強く描き出しますから，夢の顕在内容がほとんど現実であるかのようにとられてしまうのです。そうなる訳は，しばしば夢の中に，意識では覚えていない子ども時代の現実の破片が埋め込まれていて，患者にとっては未知のままに，水面下の経験が浮上してきているからなのです。ここでも潜在思考を探し出し，現実の経験を突き止めることが重要です。転移夢の分析においては，それが決定的に重要になります。患者はしばしば〈**ええと，昨日の晩はあなたの夢を見ました。あなたはあんなことやこんなことをしていて，これこれこんなことが起こったんです**〉[4]などと言います。そういう転移夢では患者がことさら夢を総体として解釈したがるということにわたしは気づきました。そして分析家もまた，この種の夢では，えてして潜在内容より顕在内容を考えたがるきらいがあると思います。が，そういう夢でこそ，なによりも抑圧された思考やファンタジーや記憶が探られ

4）［訳注］*"Well, I dreamt about you last night, and you were doing so and so, or this and that happened."*

なければならないのです。その論拠になる例を見てみましょう。〈**あなたがわたしのことを怒っていて，許してくれないだろうという夢を見ました**〉[5]。この夢を語った患者は，しばし分析家が本当に彼女に腹を立てているという確信を拭い去ることができずにいました。が，ひとえに前日の分析作業を丹念に辿るという分析家の作業によって，家具に糊を塗りたくったという，先にドラマ化の例としてあげた出来事の記憶が浮かび上がってきたのです。実はこの子は父親に腹を立てていたのでした。が，分析の中では，分析家への感情的投影が先に表れたのです。「あなたはわたしに腹を立てていて許さないだろう」と。しかし心理的な真実は「わたしはあなたに腹を立てており，あなたのことを許さない」ということで，これが例の子ども時代の騒ぎの真の意味だったのです。

簡潔な夢でも，顕在内容を額面どおりに受け取って患者のぞんざいな分析で満足して終わらせてしまうということが起こりがちです。たとえば，ある男性患者は〈**X さんとセックスがうまくいっている夢を見ました**〉[6]。「この間，出会ったことをお話した女性です。とてもきれいで魅力的だと思うと言ったでしょう」と患者は続けて，さらに「とても自然な夢です。願望充足なのがよくわかります」と言いました。これが顕在内容を額面どおりに解釈したがるということのよい例です。この種の簡潔な夢はしばしば最も分析しにくいものですが，ひとたび分析に届すればしばしば最も実り豊かなものでもあります。この夢は，夢を見た人が幼児期，母親の体内に対して持っていた怖れという最深部にあるファンタジーへと導いてくれました。その潜在思考へのアクセスは，患者が夢に出てきた女性とはまったく対照的な女性を思い浮かべたところで手にした関連素材を通じて，はじめて可能になったのです。

では，一般的な規則はお話しましたから，次に例外にまいりましょう。世の中には，潜在内容抜きで意味を読み取ることができる夢もあります。夢の

---

5)　［訳注］*"I dreamt you were angry with me and would not forgive me."*

6)　［訳注］*"I dreamt I was having successful intercourse with X."*

中での象徴化が一直線かつ典型的な単純な夢の場合です。最初の章でご紹介した，目の前を絵になった音楽が通り過ぎてゆき，それが山となだらかに丸い丘だという夢がその例です。この夢はすぐにわかりました。というのも深刻なトラウマを経験したばかりで，がんばって現実とのコンタクトを維持してはいるものの，ほとんど堪え難く思われるという状態の患者が見た夢だったからです。外的現実における極度の挫折感が夢の願望充足によって補償されているのです。もう1つ，潜在思考ぬきでも部分的に解釈できる夢の例です。ある患者が短い間隔で〈**乳母車にのっておされている夢**〉[7]を報告しました。この患者は現実との接触を保つ努力をほとんど不可能と感じていました。少し前に診た神経衰弱の若い少女は，数週間にわたって〈**夢の中ではなにもかもが止まってしまっている**〉[8]という報告を続けました。列車，バス，エレベーターと，現実には動いていてこそ価値のあるものが，夢の中ではすべて静止していたのです。その夢は潜在内容的にも重要だったのですが，ここでは顕在内容全体が，ときには分析家にとって意味を持つということをお示ししたいのです。眠りが妨げられないように，周囲の環境を自分の肉体的欲求にあわせる夢も顕在内容で理解できます。こんな場合です。

〈**トイレに行こうとしてベッドを出る夢を見ました**〉[9]，〈**早朝の予約に間に合う夢を見ました**〉[10]，〈**誰かが床に落ちた羽根ぶとんをひろってかけてくれる夢を見ました**〉[11]。こういう夢はすぐに意味がわかります[12]。

7）［訳注］*"dreams of being wheeled in a perambulator."*

8）［訳注］*"dreams in which everything had stopped."*

9）［訳注］*"I dreamt I got out of bed to urinate."*

10）［訳注］*"I dreamt I arrived in time for my early appointment."*

11）［訳注］*"I dreamt someone picked up the eiderdown from the floor and replaced it on my bed."*

12）［訳注］いわゆる「便宜の夢」。フロイトによるなら，ジルベラーの「機能現象」型ということになるだろう。フロイト自身はこの種の夢をほとんど見ないと述べており，フロイトの夢理論が基本的に自己分析によって成立したことが偏りをもたらした可能性を感じさせる。

では，また異なる種類の，夢からなしうる見立て（evaluation）について見てゆきましょう。

今，見ていたのは，潜在内容も重要かもしれないけれども，夢が全体として達成する心理的目的のほうがより重要という種類の夢です。引用した例のように，顕在内容が夢の目的を表明してくれているとは限りませんけれどもね。そして分析をすれば，こういう夢でも潜在内容の意味は出てくるわけです。しかし，分析が様々な要素の意味を確認する方向に走ると，1つのかたまりとして夢がもつ主たる意味を見失わせることにもなります。ときには分析家の懐柔にも夢は使われますし，分析家に転移されているファンタジーに関する不安をやわらげるためにも使われます[13)]。そういう場合，大切なのは実際の夢を分析することではなく懐柔の必要性を分析することなのです。たとえば父親的人物に対する無意識的な攻撃的ファンタジーを抱えている男性患者ならば，無意識的に分析家による攻撃を怖れることになりますから，しばしば多数の，全体として懐柔の意味をもつ夢を出してくるでしょう。想像上の復讐者の怒りを鎮めようとしているプレゼントなわけです。

潜在内容以上にむしろその意図について考えなくてはならないタイプの夢として，語るのに30分もかかるような長い夢や，やはり同じくらい時間をとるシリーズものの夢があります。内容的にも大事なのかもしれませんが，それ以上に語るだけで30分も費やすことが，どんな無意識的意図の役に立っているのか，まずはそこが重要です。その手の夢をひとりで10も語った患者もいました。そうした意図としてこれまであった中には，(a) 現在の出来事について語ることへの抵抗，(b) 夢が尿道的・肛門的・性的能力を示している可能性，(c) 夢が象徴的な贈り物である可能性，(d) 夢がそれまで与えないでいたことに続いての贈り物である可能性，などがあります。患者が紙に記された夢を読み上げる場合は，夢がよい排泄物を意味しているとわかることが多くありました。子どもの頃，漏らしてしまったのとは対照的に，

13）［訳注］いわば「行為遂行的」な夢。

紙の上にきっちり収められて与えられるわけです。

ある時，ある患者がいくつか夢を話してから，こう言いました。「イェーツの詩を思い出しました。こんなことを言っているんです」。

> 貧しいのでぼくには夢しかない。
> そっと歩いてください，ぼくの夢の上なんだから[14]。
>
> I, being poor, have only my dreams;
> Tread softly, for you tread on my dreams.

それで夢の意味はすぐ明らかになりました。分析家への愛の贈り物だったわけです。また，意味づけには詳細がありました。夢は床の上にあるという含みと，とても静かに踏まれるべきだということです。子どもが床を汚すのは攻撃と同じぐらい容易に贈り物を意味するのかもしれません。「そっと歩いてください，ぼくの夢の上なんだから」。

夢が全体として懐柔に使われる例を見てきましたが，ときには顕在内容で懐柔することもあります。たとえば，前日，分析家が与えた解釈にのっとったファンタジーがそのままのかたちで顕在夢になっているような場合です。解釈を鵜呑みにする認め方が露骨なので，これは懐柔の夢だなとわかるわけです。わたしの診ている患者では，鋭い人だとたいていそこに気づいて「これは喜ばせようとしている夢ですね」と率直に言います。「喜ばせようとする夢」は懐柔の夢なのです。怯えた子どもの従順さに似ています。精神分析でメインになる問題に詳しい患者の場合は，夢が「コンプレックス」の完璧

14）［訳注］オリジナルは以下の通り。イェーツ「彼は天の布を求める」より，尾島庄太郎訳。

But I, being poor, have only my dreams;
I have spread my dreams under your feet;
Tread softly because you tread on my dreams.

でも貧しいので，ぼくには夢しかない，
貴方の足もとにぼくの夢をひろげました。
そっと歩んでください，夢の上なんだから。

な表現になっていたら分析家は警戒しなくてはなりません。そういう時の安全装置は，患者の連想や情動の分析です。

あなたは正しいと従順に分析家に告げ，分析家のした解釈を先に進めてその通りだと認める患者がいる一方，対照的に，分析家が間違っていると証明してみせなくてはならない患者も，分析家の夢の解釈は誤りだと証明する夢を見る患者もいます。いずれの場合も，分析は夢の内容より，むしろその意図に沿って行なわれなければなりません。

夢に対する患者自身の態度からも，夢にかかわる１つの診断がなしうるかもしれません。患者によって，夢に対する態度が違うというだけでなく，同じ患者でも時期によって色々な態度を見せます。夢を過大評価することもあれば，その逆もあります。総じて周囲の人々や物事をめぐってあれこれ経験する現在の日常の中での感情を分析にもちこむのに大きな困難を感じる患者で，分析内外の現実において自身の見解や批判を表明するのが苦手な人だと，分析家の注意や関心を自分の日常生活から引き離す手段として夢を利用するものです。その人の無意識的ファンタジーや子ども時代については多くを知っているのに，それらと現在の生活における葛藤の相関関係が見えないというようなこともありうるのです。そういう患者は語るべき夢がないとしばしば悩んでしまい，自分は進歩していないとか，夢が出てくるまで進歩しないとさえ思い込みます。こういうケースでは夢が与えてくれることも手がかりとして重要ですが，分析家側がめざす目標地点は，現在の日常における刺激，過去や現在における現実の状況，抑圧されている転移感情でなくてはなりません。

その逆のタイプが，現実にしがみつきファンタジー生活に踏み込もうとするあらゆる試みに抵抗する患者です。こういう患者はよく夢の素材を過少評価します。わたしの知るある患者は，その事実までも次のように言うことで合理化しています。夢が手に入るのは歓迎する。というのも，正真正銘，自分の無意識から直接なにかを得ていると感じるからだと。この患者の場合，それは「わたしの無意識がこれを作ったのだ。だからわたしの責任ではない」という意味なのです。

絶対にそうというわけではありませんが，重要な夢が出てきていないのではないかと疑ってみるようになった状況が2つ，あります。不安の症例で，すでにある程度分析がなされている場合，そして不安が解放されたという場合です。その場合は，過度の不安の噴出を次のようなありうる条件に関連づけてみるようにしています。

(A)　日常生活における刺激が，分析時間中，想起されていない。
(B)　その刺激が活性化した抑圧されている出来事やファンタジーが意識に近づいてきている。
(C)　前夜の夢が忘れられているか，その報告が遅らされている。

主知的で感情を出すのが難しい患者の分析で非常によくあるのが，次々と話題をかえていくことしかこの患者にはできないのかと思われるしょうもない分析時間の最後になって，前夜の夢が思い出されておしまい，というパターンです。そういう時は，翌日，その夢の分析をやってもちゃんと進むものですし，なぜそれを語るのが遅れたのかも，ある程度明らかになるのだとわかってきました。こういうのは，潜在内容のせいであることもあれば，転移の状況や，夢を留めておくのに意味があることもあります。

また，1時間わけのわからない分析が続いて，翌日，分析が終わったあとで夢を思い出したと患者に言われることも，おそらくおありでしょう。こういう遅れて出てくる夢はたいてい潜在内容的に重要で，追求する価値があります。

抵抗の夢としてよく見られるのが，分析家になにかとても重要なことを話しているという夢です。それは「夢でしかない」のであって，そのこと自体が安心材料なのです。その日は重要なことが出てくるのは期待できないでしょう。非常に明快な例として，4歳の頃，実際にあった性的経験が抑圧されてトラウマになっていた患者の分析がありました。その出来事が本格的に示唆されはじめる前に，患者は大きな秘密を抱え込んだ幼い女の子の夢をたくさん見たのですが，それは悲しみを引き起こすもので，夢の中で患者は女の子に自分を信頼して秘密のトラブルがなんなのかを話すように懇願していました。が，女の子はかたくなです。感情的には非常につらい夢で，分析においてもわけがわからなかったのですが，結局，現実にあったトラウマを明るみに出すことになったという意味で非常に啓示的な夢でした。

では類型夢について，ごく簡単にお話しておきましょう[15)]。夢の中での「群集（crowd）」は秘密を意味します。分析家のなすべきは，その秘密を探し出すことです。試験と列車の夢は，いかに類型的であれ，それぞれにニュアンスがあります。列車の夢はさまざまに用いられます。第2回の講義で，口唇的かつ肛門的ファンタジーをお示しするのに列車の夢をご紹介しましたね。そのような夢は時に不安をともないます。それはたとえば遅れたせいで列車に乗れなかったというようなかたちで，尿を抑えておけなかった過去の状況を表現していたりします。分析家のなすべきは，身体的失禁をともなった過去の状況と比べうる現在の情動的状況を発見することです。「列車」の夢は，なんらかの問題にかかわる優柔不断を意味することもあります。たとえば夢を見た人が本当は列車に間に合っていたのに乗り損ねたというような場合です。分析家はここで象徴的に示されている「疑念」がなんなのか，見いだす作業をすることになります。

さて，身体的機能や身体的感覚を象徴的に表すタイプの夢にご注目ください。

先の章で，直感的な知識とは現に経験したことのある知識だと申しあげました。また，無意識が，忘れてはいるものの決して失われてはいない経験の貯蔵庫であることもお話ししました。つまりわたしたちは，夢の中に乳児期最初期以来の身体自我（body ego）の経験を見いだすことができるのです。もしそれとわかりさえすれば。夢は時に子どもが喋れるようになる前の身体的経験の証拠を示しますし，一方で今日の日常における抑圧された経験に関する知識を与えてもくれます。現在の日常における抑圧された身体的経験を

15）［訳注］原著刊行時の書評で，ライクはシャープの類型夢への踏み込み不足を嘆いているが（Reik 1938），たしかに「ごく簡単」。そして次段落からがシャープの本領。

証拠だてる単純な夢としては，たとえば〈**昨日の夜，花を摘んでいる夢を見ました**〉[16] というようなのがあります。夢の前夜，自慰が行なわれたことが推測できるわけです。

強い風の音を聞くことに関する苦痛な夢は，しばしば現実のおならが刺激になっているでしょう。こういう夢は多いのです。この種の夢は，わたしたちのごく幼い頃の身体的経験をも含んでいます。それは実際には決して意識にのぼることのないだろう記憶なのですが，体はそのことを覚えていて，目はかつて見た像を保存しており，夢はそれを再生することができるのです[17]。たとえば，〈**わたしは手摺のこちら側を走っていて，反対側をショーツ姿の男の人が逆向きに走っていた**〉[18] という夢です。〈**わたしは走っていた**〉というのは，分析の中で，排尿という身体的経験を映像化したものだとわかりました。〈**逆向きに**〉は，彼女が自分とは違うやりかたで父親が〈**走っている**〉のを観察したことを指しています。〈**手摺**〉は，子ども用ベッドの転落防止柵のことです。

もう１例。ある患者が，夢に出てきた道について，路上のある箇所をきわめて克明に描写しました。患者は自分があれやこれやのものから何ヤードの距離にいるかが正確にわかっていて，次のように言いました。「でも，これだけ正確に自分がどこにいるのか言えるためには，僕はちゃんと静止してないといけなかったはずです。この場所は静止してるんです。でも，さっきお話したように僕は移動中だったんです」。その分析時間の内容からして「静止しているが移動中（stationary and yet moving）」というのは，排尿中ということだと解釈できました[19]。

16）［訳注］*"I dreamt I was picking flowers last night."*

17）［訳注］フロイトの無意識は基本的に「抑圧されたもの」だが，近年，精神分析でも乳幼児期の脳の発達を踏まえて，たとえば神経学者で分析家でもある Mauro Mancia は「抑圧されない無意識」という概念を提示している（Mancia 2006）。

18）［訳注］*"I was running one way on one side of the railings and a man in shorts was running the opposite way on the other side of the railings."*

ありとあらゆる機械や可動式装置のうえに，身体感覚，とくに幼い頃のそれは転移されうるとわたしは気づきました。以下は数例です。〈**わたしは部屋の中にいて，突然ドアが開いて，大量の水が入ってきた**〉[20]。これは「お漏らし（accident）」の証拠としても充分興味深いのですが，おそらく誕生の経験をも体現したものとしても引用する気になれます。患者の誕生が予期せぬ突然の破水ではじまったことは確認されています。が，患者は，夢を見た時点ではその事実を知りませんでした。〈**わたしはエレベーターに乗っていて，突然それがどすんと落ちた**〉[21]。この夢は，液状の排泄物が一気に流れ出して床に落ちた様を表現したものだとわかりました。次の夢も，これと同じ子ども時代の不安を扱っていますが，こちらは安心させるものです。夢を見た人はこう言いました。〈**すごいことが起こるのを見たんです。車がビルの外壁をどうかしてのぼっていって無事ガレージに入ったんです。で，それは上の階にあるみたいなんです**〉[22]。参照項をたどって夢への連想がなされるうちに，上下動する歯医者の椅子が，患者が赤ん坊の頃に使っていた上下動可能な椅子を思い出させました。夢を見た人は自分がその椅子に座っている記憶を持ってはいないのですが，間違いなく，夢は〈**車**（car）〉（Ka. Ka.（うんち））が無事ガレージに上がってゆかずに，この幼い子にとってたいへん不安なことに下りてきてしまったという経験をドラマ化したものなのです。

19）［訳注］言語獲得期の子どもにとって，動詞，とくに目的語を持たない自動詞は，指示対象のマッピングが難しく語彙の中でも獲得が遅い。「機能現象」型の夢は，発達言語学やジェスチャー論を参照すると，そうしたマッピング困難な動きを外的対象に投影した表象をもって理解しようとする試みの再演に見える。認知言語学では，言表における認識主体の認知的処理の濃淡をめぐる概念「主体化」について，ロナルド・ラネカーが動詞 run も使って分析しているが，シャープが繰り返し「run と排尿」の夢に触れるのも，同種の認知・言語感覚によるだろう。この付近で報告される夢では採集者としてのシャープの特性が際立っている。

20）［訳注］*"I was in a room and suddenly the door opened and a great flood of water came in."*

21）［訳注］*"I was in a lift and suddenly it went down flop."*

22）［訳注］*"I saw a marvellous thing happen. A ' car ' went straight up a building on the outside somehow and got safely to a garage, I suppose on the upper storey."*

夢の意味はそれだけではありません。子どもの頃に座っていた椅子で感じた身体感覚が椅子のシステムに転移されており，夢から，お漏らしがその椅子で起こったことが推測されます。また別のある患者は，次の非常に貴重な夢を語ってくれました。〈**便器の排泄物を空にしようとしていたら，空になるかわりに水でいっぱいになった**〉[23]という夢です。この夢に含まれるファンタジーは重要なものなのですが，そうであっても，その意味を完全に認識するには，まず，現実に起こったことの理解が必要なのです。この夢では，排便しようとして続いて浣腸されたという経験がどんな風に感じられたかが表現されているのです。

もう1つ，同じタイプの夢です。〈**夢を見た人は，モップを持って通路にいて，モップがけしていると思った**〉[24]。分析時間中，患者は前夜耳にした会話を詳しく話しました。「あなたの耳は，左右同じようにはついていないのね」。そう話してから，患者は自分の耳を手で蔽いました。夢は，排泄物と髪の毛の両者にかかわるファンタジーと連想を喚起しました。耳を蔽うジェスチャーには，自分が聞くことと聞かれることの双方を防ごうとする意味があり，自身を守ると同時にわたしを守ることでもあったのです。しかし，この耳の重要性，ことに聴覚に関する禁止と，さらに耳についてのファンタジーの多重決定とを完全に理解するには，これ以外の事実も考慮しなくてはなりません。この患者は，いかなる記憶を意識に残そうにも幼すぎる時期に，耳の手術を受けていました。すべてのファンタジーの下に横たわるものとして，この夢には内在的な身体記憶（body-memory）も含まれているのです。夢の通路（passage）はまさに，かつてモップがけされたことのある耳管（ear passage）でした。夢の中では，この人は能動的な行為者で，受身の動作主ではありません。この夢を引き起こした刺激としては，耳に関する前夜の会話

23）［訳注］*"he was trying to get rid of fæces in a lavatory pan, and then it filled up water instead of emptying."*

24）［訳注］*"The dreamer thought he was in a passage with a mop which he was using to swab it out."*

に加えて，前日の分析の際，わずか数秒でしたが，メイドが面接室の外で階段をはたきがけしていたこともありました。わたしはそれを記憶していましたが，その時点では患者がそれに言及していないというのも注目すべき点です。

夢分析にあたって，分析家は，分析時間中，患者のするジェスチャーや小さな動きを考察することもできます。大人の分析におけるこのようなテクニックは，子どもとのプレイセラピーの技法の原則に近いものです。アクションやジェスチャーは夢を象徴的なかたちでドラマ化したもの，あるいは夢での衝動や出来事を修正して不安に対処する手段として解釈しなくてはなりません。では，そのように分析時間中にドラマ化が行なわれる種々の意図の例をごらんください。

羽根ぶとんがベッドから落ち，それがかけ直されるという夢を見た患者は，分析の途中で急に寒気を感じてコートを羽織りました。この夢は，本当に寒いのだけれども羽根ぶとんを直すために起きたくはないという前夜の経験を示しており，夢は彼女にかわってそれをやってくれたわけです。つまりこれは便宜の夢です。が，分析時間中に起こった反復のほうは別途調べる必要があります。というのも，こちらの部屋は暖かかったからです。

今度は，分析時間中に起こったドラマ化が，夢という素材に沿って解釈されねばならない例です。ドラマ化は，夢に内在する不安を解消する目的で行なわれています。というのも，ドラマ化した際の行動が，抑圧された記憶や願望とは正反対のものだったからです。患者は男性ですが，入ってきてカウチに横になりました。その直後，ポケットに手を突っ込んで「えっ」と非常に驚いて言いました。「なんだこれは」と彼はくしゃくしゃに丸めた封筒を取り出して見て，「なんだ，ただのゴミです」と言い，それからいつもどおり話し続けました。しばらくして再度ポケットに手を突っ込むと突然立ち上がって「もう我慢できません。ゴミ箱はどこですか？　これをゴミ箱に入れなくては」と言ったのです。さらにその時間のあとのほうで作業中の原稿の話になると，「ああ，その訂正をしたかどうかちょっと確認しないと」とまたとび起きて鞄のところにゆき，原稿を見ると安堵の溜息をついて「大丈夫でした。直していました」と戻ってきたのです。

その患者の夢はこうでした。〈**客がふたりあって，彼らをどこに寝かそうかで悩んでいた。ひとりは，あいているのがわかっているベッドにして，もうひとりは自分のベッドにした。でもそうすると，自分の寝る場所がなくなった**〉[25)]。

先のわたしが記録した行動と，分析時間中のそれに関する連想を組み合わせると，ここで問題になっているのが，ゴミ（rubbish）がゴミ箱（wastepaper basket）にちゃんと入らなかった[26)]という，幼時期の抑圧されている出来事だとわかりました。それは幼い頃に起こったので，彼はまだ誤りを訂正することができず，結果的に両親が小さなお客のためにベッドから出ることになったのでした。

会話の夢は，しばしば分析が難しいものです。わたしは，以下のようなタイプを識別することを学びました。会話している人たちは，しばしば夢を見ている人の心理の異なる側面が異なる人々に変装して出てきたものです。会話は，ときには内容そのものの重要性や，それを口にした人の重要性ゆえに夢にとりこまれています。ときには，そのような現在の日常からとりこまれたフレーズが，患者の過去において誰かが使ったフレーズと重ねられていることもあります。前回の講義で引用した「バタンインコ（cockatoo）」の夢は，会話するふたりの人物が精神の2つの異なる部分を表現している例ですが，それとは別に「cockatoo」という単語も，それ自体，追求するに足る要素です[27)]。

数字を含む夢はしばしば分析が難しく，必ずしも努力が報われるとは限りません。が，患者がある数に関して具体的な連想ができる場合には，しばし

25）［訳注］*"There were two visitors and I was bothered as to where they would sleep. I put one of them in a bed I knew was to spare. I gave the other visitor my bed, but then I had nowhere to sleep myself."*

26）［訳注］名詞 'waste' には「排泄物」の意味もある。

27）［訳注］カッコウを語源に持つ 'cuckold（寝取られ男）' や 'cock（ペニスを指す卑語）'

ば貴重な解釈へと至ります。なお「figure」という語が，数（number）だけでなく形体（shape）も意味するということは一時も忘れてはなりません。わたしの見ているある患者は「4」は女性的な数だとずっと主張しています。4という数をめぐる象徴的解釈はたくさんありますし，それを出してくるのは簡単ですが，わたしがこの例での「4」の意味を確信できたのは，患者が両親の寝室を思い出してこう言った時でした。「小さい子どもだった頃，母が服を脱ぐのを見ていたのを思い出します。いつも母は髪を4本の長い三つ編みにして下げていました」。こうして「4」が彼にとっての女性的な数字になったのですし，これには尻尾（tail）が男性性の保証になっているという満足もともなっていました。「5」という数字は，しばしば究極的には5本の指と幼児期の自慰を意味します。ある男性は〈**夫と妻が5日間一緒にいた**〉[28]という夢を見ました。この夢の微妙なニュアンスは，彼が「創世記」に言及したことで見いだされました。神は6日目に男を造り，7日目に自身による創造のすべてをたいへんよいと言ったことを思い出したのです。夢では，夫と妻は5日しか一緒にいませんでした。

予約をとってはじめて診療所にやってきた患者がいました。彼は遅刻してきました。というのも「63番地」だと思って探していたからです。夢から明らかになったのは，以前，とある地区では「63番地」に行けば売春婦がいると聞いたことがあったということでした。

〈**180という数字**〉[29]の夢は，ある分析セッションで「I ate nothing.（わたしは何も食べなかった）[30]」と解釈されました。

夢の中の色は，わたしのある患者にとってはたいへん重要です。ですので，どんな色が出てきても常に詳細を聞き込むようにしていますし，加えて，色が素材に付随している場合は，素材の種類についても詳細に尋ねています。

などの連想か。

28）［訳注］*“a husband and wife were together for five days.”*

29）［訳注］*“A dream of the number 180.”*

30）［訳注］‘eat’ の過去形 ‘ate’ は数詞 ‘eight’ と同音。

この患者を通じて，わたしは創造的イマジネーションと芸術的判断は，いずれもごく初期の味覚・触覚・聴覚的な現実の経験にかたく根差しているという推測が正しいと確認できました。この患者にとってオートミール色の素材は「かりかり」した感じを持っており，彼女は指先で「かりかり」した感じを味わうと，いつもすぐ歯に刺激が走るのでした。

また，彼女はサクランボの色の絹を見るとよだれが出て，絹にそっと頬擦りしたくなります。この患者にとっての色調は，クリーム，バター，レモン，オレンジ，サクランボ，桃，ダムソン[31]，ワイン，プラム，胡桃，栗，といった語で表現されるものです。一方，材質の方はビスケットのようにかりかりしていたり，泡立てた卵白のように柔らかであったり，ケーキのようにみっちりと目がつんでいたりします。糸も，全粒粉パンのようにきめが粗かったり，絹の表面のようにつやつやしていたりするのです。この患者が持ってくる夢の場合，わたしは色や材質や服への言及を見すごさないようにしています。

ある患者が無意識に使っていたおもしろいメカニズムのおかげで，わたしはある夢がどういう現実の刺激によるものなのかを演繹できるようになりました。それは心の平安を得るために用いられている多種多様なメソードという，思うに，あまりにも複雑であるがゆえにわたしたちの知るところの少ない問題に光を投げかけています。わたしたちが気づいているのは大きなメカニズムだけで，身体的生物（bodily organism）の中で働く多様な生理的力の合力よりも一層巧妙なありかたで，統一体としての精神の中で連動して働いている精密な仕組にはまるで気づいていないのです。この患者の場合，母親，父親，兄弟姉妹に対する敵意が本当にはっきりしている夢は，一定の条件下でしか得られませんでした。多くの夢が擬装された敵意を隠し持ってはいるのですが，カムフラージュされていない単純明快な敵意の夢，ずばりと死を望むような夢は，夢の中で敵対的な願望の対象として現れる人物が現実において評価されているのを耳にするという直接の刺激があってはじめて出てく

31）［訳注］西洋スモモの一種で暗紫色を指す色名としても使われる。

るのです。この患者は親類の誰についてであれ，予想外のほめ言葉を耳にすると，敵対的なマナーでその親類の夢を見ます。それが非常にはっきりしているので，敵意があからさまな夢が出てきたら，それがどんな現実の刺激から生じたのかを想像できてしまうほどです。が，これを説明するのは，ぱっと見ほど簡単ではありません。これは精神がどうやって，どんなマナーで各種の力の均衡を維持しているのかという問題を理解しなければわからないことです。人によっては現実に自分の周囲にいる人たちとの相互作用を大きくすることで平衡を維持しています。そういう人の生活は言わば精神的な相互作用がより大きく，他の人々との関係で織り成される部分がより大きいのです。

この患者は５歳になるまでかなり安定した環境で育っており，その時期，大きな外的困難はありませんでした。ということは，ある程度，性器期発達が進んでいるということです。そして患者が５歳の時，家庭に母親にとっての現実のライバルが入ってきました。父親の愛情を勝ち取ったそのライバルは，母親に対しては露骨に敵対的でした。その結果，患者のエディプス・コンプレックスが非常に深く抑圧されることになったのです。母親に対する敵対的な諸感情に堪えられなかったということです。そういう感情が，ファンタジーとしてではなく母親の幸福に関して実在の障害となる人として具現されていたからです。しかしこの現実の状況が延々と及ぼしつづける影響も，母親や他の子どもたちに対する元来の敵意を表す夢を表現できるようにする独特のメカニズムには道を譲りました。現在の日常の中で，実在の誰かが自発的に彼らを評価すると，患者の精神の内で緊張が緩和されます。すると，夢を通じて５歳の時のトラウマ以前に感じていた本来の敵意に触れることができるわけです。そして，それが分析の目標になりました。環境に依存しての均衡よりも，内的均衡が得られたほうがよいからです。この種のメカニズムにあっては，患者の現実との接点も，現実の状況における精神生活のドラマ化も，みな果てしない忍耐をもって探索されねばならず，分析における時間的な要素が痛感されることになりました。

それでは手短に，夢のさまざまな価値付けをまとめておきましょう。

夢分析は精神分析技法の基盤です。分析家は患者の無意識的な問題に自分がどこまで緊密に触れているか，夢からはかることができます。また，夢は無意識的な問題に関する感情転移の理解を助けるものでもあります。

夢は，現在の日常における刺激や現在の葛藤を，前意識思考による加工を通じて探る手だてでもあります。精神生活の調和を理解するには，前意識と無意識の相互作用を知らなくてはなりません。

夢の潜在内容には，夢に出てくる様々な要素への自由連想という手法によって到達します。これが夢分析です。

夢は潜在内容の意味とは別に，あるいはそれに加えて，価値を持つこともあります。無意識的に分析家を懐柔する手段として，力の象徴として，排泄物のコントロールの象徴として，分析家をコントロールしている証拠として，夢は使われます。また，夢は愛の贈り物の表象であるかもしれません。

患者による夢の過大評価や過少評価は，それ自体，精神的問題の理解を助けるものです。

夢はしばしば現在の身体的経験，子ども時代の（意識的には）忘れられている身体的経験の双方を明かします。そういった身体感覚とファンタジーの相関は分析の対象になるものです。

特徴的なジェスチャーや行動は，夢の意味に迫るにあたって患者の連想と関連づけてみる必要があります。

ジェスチャーや特徴的な行為の分析は，児童分析におけるプレイセラピーの技法に相当するものです。

実生活の中でドラマ化されている抑圧された重大なトラウマ的状況への手掛かりは，しばしば夢を通じて見いだされます。

夢の中での会話や数字や色の意味への手掛かりは，しばしば特定の人や特定の対象への患者の連想を通じて得られます。

第4章　さまざまなタイプの夢の例[1]

1.「正常な」若い女性が強い自我の抵抗のもとで語った夢
2. 女性への不安を持つ男性の語った夢
3. 口唇的表象によってエディプス的状況を明かす夢
4. 子ども時代に典型的な嫉妬の状況を明かす，50歳の女性の語った夢
5. ファンタジーが掛算と家系図への置換によって明かされる夢

この章では，色々な患者との分析から得られた色々なタイプの夢を扱いたいと思います。また，それぞれについて分析の進行上重要なものとなった素材を指摘してゆきます。なお，これは各症例における1回の分析時間のまとめ的なものであって，夢の全要素を徹底的に検討するものではありません。なお，分析家なら誰もが経験する，患者の夢と連想が精神分析の古典的名作のようにきれいに一致し，あっさり解釈しうるといった分析セッションをあえて選ぶことはしません。そういった例も1つだけ入りますけれども。

これからお話していく夢については，大量の素材の中から重要なものだけとりあげていきます。前回，前々回の講義と同じやりかたですが，細部をより詳しく見てゆきましょう。

これからとりあげる夢は，すべて最近のものです。そうでないと現在活動中の精神との接触がもたらす，新鮮で生き生きとした感じをお伝えすること

---

1) ［訳注］章題があまり説明になっていないが，さまざまな例からシャープの分析実践がよく窺われる章。類型的象徴に頼らず，個人レベルの言葉と経験を辿って外的現実とファンタジーの呼応を調べ上げる地道な職人的分析と，週5日・長期の分析が一般的だった時代の組み合わせが可能にした観察，解釈，技法が見られ，語られることの時代性も含めて，史料価値が高いと思われる。

ができないからです。また，現況や夢への刺激となったもの，分析家が演じた役割も，解釈のメインの部分に加えて提示してゆきます。

それでは最初の例です。患者は次のような夢を見ました。〈**わたしは外国に出かけるところでフォークストーン**[2]**まで来ていました。現実のフォークストーンより遠いことになってましたけれど。そこに着いたところで，わたしはお金とパスポートとチケットを家に忘れてきたことに気がついて，取りに帰らないといけなくなったんです。わたしはオランダに行くところだと思っていました。家に戻ったら誰もいなくて，掃除婦だけがいて，父と母は出かけていました。わたしは自分のものが引き出しにまったく難なく収まっているのを見て，それがそこにあり，しかもまったくきちんと，いかにも必然的にそうあるのが，かえってわずらわしく思えました**〉[3]。

１時間で行けたところまでということですが，実際に行なった解釈を正当に評価するには，患者について分析家がかかえていた問題を認識することが必要です。この夢については，象徴に関する知識があれば，いくらか解釈できてしまいます。というのは，分析家の側は解釈ができてしまうけれども，それではこの患者の分析にならないということです。この患者は臨床的に見れば正常です。彼女のファンタジー生活は強い抑圧のもとにあります。つまり現実の占拠率が非常に高いのです。この人にとって「自由連想」とは，すべて現実に起こったことの語りなおしでしかなく，一方，彼女の私的な思考や感情は彼女の持ち物であって，それをわたしが知りうるとすれば，彼女がくれるのを待つしかないのです。全体像としては，外界にうまく対処できる

2）［訳注］英仏海峡に面したイギリスの港町で，大陸行きの船が出る。

3）［訳注］*"she was going abroad and had reached Folkestone, only farther than Folkestone is in reality. Arrived there she found she had left her money, passport and ticket at home and she must go back home to fetch them. She thought she was going to Holland. She went back home and there was no one there but the charwoman, her father and mother were away. She found her belongings in her drawers quite safely and it seemed all the more annoying to find them there, quite neatly and inevitably."*

人のそれです。ユーモアのセンスに恵まれていて，それが不安に対する最大の防波堤になっています。そしてファンタジーの抑圧と並んで，小児期記憶へのアクセス不能が見られます。また珍しいタイプの抑圧が見られます。たとえば，ある種の夢が何度も繰り返されれば，（背後に）なにか具体的な体験があったに違いないけれども忘れられているのだと推定できます。こういう推測に対して，この患者は黙って聞いているだけで反応しません。そしていきなり次の回になって，一見，偶然のように，夢や連想が示していた現実の出来事に言及し，まるでそれがこれまでずっと意識にあったかのようにその出来事について語るのです。

みなさんには，この夢が，象徴を使えば解釈できてしまう孤立した夢だと思ってもらいたくありません。そうではなく，この患者の示す独特の困難という点から理解してもらいたいのです。ここで再度原則を強調しておきたいのですが，わたしたちが第１に考えなければならないのは，顕在内容ではなく潜在思考です。

この夢に先立つ回は，心待ちにしているある手紙がまだ来ないということによる悲嘆と，それに続く穏やかな怒りの表明にほぼ終始していました。手紙は１週間遅れていました。手紙の遅れによって彼女をがっかりさせている男性について，その回，患者が行なった全発言の中から，夢が語られた回の分析に照らして，１文だけ抜き出してみましょう。「他の友達はみんな，わたしを喜ばせようとしてできる限りのことをしてくれるんですけれど，わたしが誰より喜んでほしいのは彼なんですよね，誰よりいちばんよろこばせたいと願っているのは」。さて，患者は前の週末，友人を訪ねてもいました。が，その晩は，知らない人ばかりの家で過ごさねばなりませんでした。手紙をめぐる不安の中で，注目すべきことに，その週末への期待が非常に強いものであったにもかかわらず，彼女はそれに言及しませんでした。

その回の最後にわたしに言えたのは，これだけでした。現在，現実の状況に気をとられているけれども，その不幸の一部は，現在の状況に結びついているか，もしくはその背後に隠れている別の状況にかかわる未知の苦悩や不安のせいで強調されているのだと気づくことになるだろう，そして今のところ，そちらにはアクセスできないでいると。

次の回が例の夢を見た翌日でした。彼女はまず遅れていた手紙が届いて，また幸せになったと言いました。では，その1時間で得られた素材の中から，分析上の問題の核心に最も近い患者の発言を抜き出してみましょう。(a) 先生の壺に挿してあるあの花はすてきだ。もう一方の壺の花の方はそんなによくない。壺の色がよくない。よくない茶色。もう1つの壺はよい。(b) はやく自分のセーターを仕上げたい。すぐにも終わらせたい。あたらしくはじめなければならない刺繍がある。セーターが仕上がったらどんな風に見えるのか早く見たい。問題は毛糸。不思議なことに，店がちょうどいい茶色の毛糸を，わたしがほしい茶色をおいていない。できあがったもの――編みあがったセーター――としてはあるのに，その色が毛糸では買えず，自分のものにならない。先生のクッションのような焦茶の毛糸が欲しいのに。(c) わたしの着古しを引き取る人[4] から，ちょうどよかったのでいただくという手紙がきたけれど，赤ちゃんができるということをわたしに言わないでいたのはばかげている。そのせいでこれまで手紙がなかったのだ。そして，この時点で，患者は例の夢を語りました。その後，さらに続けます。(d)「どうしてオランダ（Holland）なのかわからないんですが，オランダという名前が散らばってるような感じが，たしかにするんです」。

そこですぐわたしは口を挟みました。「その名前が，どう散らばっている感じなんですか」。彼女はこう答えました。「んー，子どもの頃に着ていたホランド・スモック[5] が思い浮かびます。色物のもあって，水玉の刺繍がついてました，が，それ以外は思い出せません。なんでフォークストーンなのかもわかりません。乳母と一緒にそこに行ったのは確かだと思いますが，乳母

4）［訳注］イギリスの階層社会で使用人に古着を与えるのは一般的な慣習だった。

5）［訳注］「ホランド（Holland）」と呼ばれる麻で作った子ども用スモックのことだと思われる（ホランドは茶がかった生成りの色味であることが多いので「色物もある」と言われているのだろう）。

の妹さんがフォークストーンに住んでいたのだったか……？　どこから行ったのか思いつきません（I can't think of where I went from.)。白い崖が夢の中に出てきてたようです，ものすごく白いのが。でもドーバーしか思いつきませんね[6)]。寒々したところですよね，ドーバーは，海峡を渡ってひどい船酔いになったあとのひどい気分で上陸するには。でもドーバーといえばディエップ[7)]を思い出します。それと，父とディエップに行ったことと，それがすごく楽しかったこと。目的地に向かうバスが出るまでの時間がほんとにちょっとしかなかったので，わたしは税関をさっとすりぬけて，荷物を持っていかせて，ぎりぎりでバスに間に合ったんですが，そしたら父がすごく喜んでいました。週末について，まだお話してませんよね。わたしがよく忘れ物をすることはご存じですよね。今回は気をつけようと思っていたんです，特に訪問先の家の人達を知りませんでしたから。荷物はたしかにぜんぶ詰めたと思って道を降りていったのですが，途中で寝室に忘れ物をしたのを思い出したんです。笑われたくなかったので開いていたドアから入ってこっそり2階にあがって，わたしのものをとって，またこっそり出てきました。誰にも気づかれなかったんです。すごいでしょう。彼らに知られたくなかったんです！」

では，その時間中に患者に伝えた解釈を申します。わたしは彼女の父親の喜びへの言及と，前回，彼女が表明した，手紙をくれるのを待っている相手の男を喜ばせたいという欲望を結び付けました。「Xさんは，あなたが喜ばせたいと思うクラスの男で，お父さんの跡継ぎ，お父さんと同じ系列の人です」。すると彼女は「あ，ええ。おっしゃってることはわかります」と言いました。わたしは，「Xさんに対して，かつてお父さんに対して感じていたように感じているに違いありません」と言いました。わたしは，ディエップに関する発言の中で，素早く荷物を片付けてバスの時間に間に合ったことで

6）［訳注］ドーバーの崖は白いことで知られる。

7）［訳注］英仏海峡に面するフランス側の港町。海水浴場などで知られる。

彼女が父親を喜ばせていたことを指摘しました。「引出し（drawers）[8]」に自分のものがみんなきちんと収まっているのを見つけたことも指摘しました。手紙が来ないという不安のせいで，自分はXを喜ばせていないのではないかと彼女は考えました。Xは彼女以上にXを喜ばせる誰かを見つけるかもしれない，そしてなにより，自分の手紙がXを楽しませていないのではないかと思ったわけです。さらに，これら2系列の思考は，その裏返しの可能性も示唆します。つまり，ことをうまく収められなかったり荷物を散らかしていたりすると父親は不機嫌になるのではないか，また，彼女の手紙が気に入らなかったのではないかという可能性です。

週末，滞在先の家に荷物を忘れてきて，笑われないようにこっそり取りに戻った件にわたしは言及しました。彼女の夢に触れて，夢では父親も母親も出かけていて掃除婦だけが家にいたことを指摘し，次のように言いました。「でも，掃除婦はいても構わなかった。というのも掃除婦の仕事は片付けることだからです。でしょう？　さらに，掃除婦しかいないところに戻るというのは，別の意味でも結構なことだったのです。あなたは自分のものを「引出し」で見つけましたね。そこで不安はさらに軽減されるのですが，今度は，すべてがきちんとしているということにいらだちを感じます」。わたしはこれを前回の彼女の心境に結び付けました。前回，彼女は余計な心配をしていたのです。というのも手紙はすでに届いていて，家で彼女を待っていたのですから。そこで拍子抜けした感じがあったのです。心中沸きおこった激しい動揺は本物の悲嘆を必要としていました。ですから手紙が届いているのを知って，ある意味，彼女は裏をかかれてしまったわけです。手紙が届いたおかげで，現実には彼女は幸せになったわけですが，尻すぼみの感じが残りました。そしてその感覚は手紙自体にはまったく関係なく，ただ手紙の遅れが喚起した無意識的記憶と不安にかかわるものなのだと。

そして，その覚えていない出来事の中では，父親が重要な人物なのだとわ

8）［訳注］下着の「ズロース（'drawers' の音訳）」の意味もある。

たしは言いました。この男性は喜ばされなくてはならないのです。この人を喜ばせることができないかもしれないと思うと，彼女は不安になります。そこからは，父親を愛する態度だけでなく，まだ理由は明らかになっていないものの，父親に対する怒りも推測できて，それが父親への「怖れ（fear)」とでも呼びうるなにものかを埋め合わせるべく，喜ばせたいという欲求に過度に強調を加えているのだとわたしは考えました。前回，彼女はXからの手紙をひどくほしがっていました。子どもがなにかをひどくほしがり，しかしそれが得られないと，怒りが生じ，ほしかったものを得ようとする欲望が憎悪と混ざりあって，それを持っている人に対する恐れの発生源になります。

彼女が茶色い毛糸をほしがっていたことと，彼女のほしい毛糸を出してこられない店員に対するいらだちをわたしは指摘しました。「セーターを編むのにほしい毛糸が，もう編みあがったセーターに使われているのを見ます。手に入れるべきものであり，しかも実際それを持っている人もいるというのに，あなたには手が届かない。あなたはなにかを作りたがっていて，他の人達が持っていられるものを持ちたいと思っています。わたしも，あなたの欲しがっている色のクッションを持っていますよね」。

そこで今度は，彼女が言及した新しい赤ちゃんの件に触れました。それから，赤ちゃんを作ることに関する無意識的ファンタジーを示している参照項をまとめました。セーターのための茶色い毛糸，ものをきちんとまとめておくこと。それから，それらを，だらしなさを示す参照項である駅のホームに散らかっている荷物，船酔い，古着などと対置してみせました。汚れの隠蔽記憶としてのホランド・スモックの水玉の刺繍にも言及し，夢経由でドーバーの白い崖と，船旅後の船酔いを対比させました。「どこから行ったのか思い出せません」という言葉を思い出させ，非常に重要なフレーズだと言い，これは便を漏らして汚れたという現実のエピソードと，それが両親との分離に続くストレスや不安のあった時期のことだと示唆していると言いました。時期や場所の詳細については，まだその事実を確認したと言えないものの，すでにわたしたちは心理的に重要なある出来事——不安と怒りが急激な便の放出で示されたという事件に到達しているのだと告げました。その場に両親はいませんでした。そして，乳母と一緒にフォークストーンに送り出された時，お母さんとお父さんは赤ちゃんを作るのだというファンタジーを彼女は持ったのだとわたしは考えます。再度，「わたしがどこから行ったのか思いつきません」というフレーズですが，これは「わたしはどこから来たのか」，すなわち母親のどの部分から赤ちゃんはやってくるのか，ということの隠蔽思考だと解釈しました。このファンタジーは彼女の古着を貰った女性に関する言及から推測されたものです。「赤ちゃんが生まれる（having a baby）と言ってくれれば，わずらわせたりしなかったのに」と。ここから，夢で示されているわずらわしさが，つまり，お母さんが赤ちゃんを作っているところだという考えなのだと推論したのです。フォークストーンに行った当時，彼女は自分も赤ちゃんを作りたいという欲望を持っていて，それを子どものファンタジーとして思い付けるやりかたで，固形の便で作りたいと思っていたのですし，また，液状の便と固形の便を対比させて，液状の便は怒りと乱雑を意味し，固形の便は「引出しーズロース」の中にあってすら安全で，人を喜ばせるものを意味する愛の贈り物の表現だと考えたので，その名残が，荷物をうまく扱って父親に誉められたという彼女の喜びの中にみてとれるのだと，わたしは言いました。

では，この１時間でなされた作業を評定しましょう。(a) ストレスフルな時期があったという裏付けから生育史的な収穫がありました。その時期に突然の排泄で汚れるという事件があり，それは両親から引き離されていた時だったということです。

現在の父親固着の基盤がどこにあるかということ，それから，この父親イマーゴに対する態度が両価的なもので，抑圧された怒りのせいで生じる不安が，自分は間違いなく父親を喜ばせるものであらねばならないという風に彼女を強いているのだということについて，直接の証拠を握ることができました。患者が分析のどこからどのように利益を得るかという観点で評価するなら，それがこの回に得られた最も重要な発見です。この態度が修正されない限り，彼女は幸福にかかわるある非常に重要な要素に対して盲目になってしまいます。父親イマーゴである男性を喜ばせたいという欲望に気をとられていると，現実の中で現実の男性がどれほど多く，あるいはどれほど少なく彼女を喜ばせてくれるか，評価することができないからです。

この時間中には，誕生をめぐる肛門的ファンタジーと口唇的ファンタジーへのアクセスと，肛門的に表現された怒りの徴候も得られています。

また几帳面と規律という反応が，父親への愛と恐怖によって大きく影響されていることもわかりました。そこに暗示されているのは，明白ではないものの母親に対する怒りや羨望や敵意が，父親に対する愛と怖れの影響下でコントロールされているのだと，やがて見いだすことになりそうだということです。

分析における母親転移が，彼女が自分のものにしたいと思ったクッションの茶色や，一方は誉められ，一方はけなされた２つの壺の花への言及にうかがわれます。それが，赤ちゃんが欲しいということをめぐるファンタジーを牽引しているのです。次の週末，この夢の解釈を裏付ける興味深いことが起こりました。週明けの月曜日，こういう話を聞かされたのです。週末には，川辺で土曜の午後を楽しむ計画を女友達とたてていました。その友達と落ち合ってみると，彼女がそれとはまるきり違う新しい計画を練っていて，そこにフォークストーンへのドライブが入っていたのです。患者はこう言いました。「それもわたしにはなんの相談もなしになんですよ！　わたしはその計画に乗ると思われていて，わたしががっかりしているのに，それについてはなにも言わないんです。Kちゃんが，わたしに，まるで子どもみたいな，自分の面倒も見られない実用的能力を欠く人間だと感じさせようとしたとは思いませんけど，Kちゃんはわたしのことをそんな風に思ってるんだなと思わせたKちゃんのやり方はひどいです。フォークストーンには行かないって言える勇気があってよかったです」。

たまたま今日の現実の中でフォークストーン行きが提案されたおかげで，

子どもの頃，乳母とフォークストーンに遣られ，一方で両親は一緒にいる，という時に感じた情動的ストレスの強さが推測できます。今回，彼女は行くのを拒むことができ，怒りと失望を言葉にすることができました。「それもわたしにはなんの相談もなしになんですよ」と。

次に選んだ夢は，ある男性患者が話したものです。この男性は母親への強い固着がありました。と言っても，これで充分な説明になるとは思いません。多くの男性には母親への固着がありますから。しかしだからといって母親固着のある男性がみな同じようになるわけではありません。この患者の状況は，母親が関心のすべてを注ぎ込んだひとりっ子であって，母親は父親よりも優位に立つ人物だったということをお話しすれば，もう少しわかっていただけるかと思います。母親が与えた心理的環境は，この子が基本的衝動（elemental impulses）のせいで陥りがちな当然の不安のいずれにも濃い影を落としました。母親は病気がちでした。この子は，よくある子どもらしい騒ぎに耽るたびに，そんなことをするとお母さんが病気になると言われました。最初に愛した対象であり，最初に憎んだものでもあり，次にはいらだちのために恐れるようになったものを，傷つけ，破壊する能力への幼児的全能感による信念が，ことごとく外的環境によって強化されることになったのです。父親も母親も，母親もしくは子ども本人にもたらされるだろう影響を言い聞かせることで彼の遊びを奪っていたのです。

分析の経過から，子ども時代のトラウマ的瞬間として，はっきりとは思い出されていないものの，月経の血を目撃したことがあるとわたしは推測していました。今だにはっきりした日付を示すことはできませんが，それを見たことの重要性と，そこから生じた理解は，次の事実とからめて評価されなければなりません。それは子どもの頃，母親がこの患者に，離乳する前に最初の歯が生えてきて，胸を痛めるから離乳させないといけなかったと言ったということです。

この分析の場合，いちばんの問題は女性の身体に対する恐怖でした。根深い無意識的な思い込みとして，患者は彼にとって切断された身体であるところのものの責任は自分にあると考えていたのです。分析は，患者がこの思い込みと闘うさまざまな手段に光をあてるという拷問のような道のりを辿りました。

これから患者がこの夢をめぐって行なった主要な連想をご紹介します。

〈黒いものを身体の上のほうに巻いて胸を隠し，黒いものでお尻のまわりを巻いて性器を隠している女の人を見ました。身体の真ん中へんだけ裸でした〉[9]。

いつもどおり，患者はこれだけ言って夢は済ませたことにし，週末についても行った先だけ告げて済ませて（それで肛門的贈り物をわたしにあげたということで），ほっとしたように，彼が本当に興味をひかれたことに向かいました。30分近くかかる話でした。内科の同僚が映写機用のスライドを作るために画いた生理学のイラストに関する話です。そのイラストは最初は非常に大きな紙に大きな倍率で描かれ，細部もみっちりと，赤で色もつけられていました。今度はスライド用にその倍率を縮めないといけないのです。患者は非常に微に入り細を穿って話をしたのですが，それをお話しすることはできません。というのもあまりにもテクニカルでわたしにはわからなかったからです。とにかく最終的にスライドを写してみたら色が間違っていたということで，そこで患者は笑ってこう言ったのです。「黒い光を使うことさえ可能なら，そのダイヤグラムも，シート上で赤く見えたんでしょうけどね」。

科学的に専門性の高い話に30分近くかかっていましたので，わたしはそれが終わる前から，どうすればもっと適切な素材を喚起させられるのだろうと考えこんでいました。ところがまたもや，わたしの経験ではよくあることなのですが，問題に至る道のりを患者本人に任せておいてよかったと感謝することになりました。ずばり彼は言ったのです。「黒い光なら，赤く照らしだしていたんでしょうに」と。「それが夢の黒の意味じゃないですか？　黒

---

9)　［訳注］*"I saw a lady who had black stuff round the top of her body covering the breasts and black stuff round her hips hiding her genitals, only the middle part of her body was naked."*

から赤を考えればよいということで」とわたしが言うと，患者は反射的に言いました。「そんなもん何色だっていいですよ（It can be what bloody[10] colour you like)」。ちなみにこれは「抑圧されたものの回帰」のよい例です。さて，彼はこう言ってしまうと，話を続けるのは省いて，新しい話題に移りました。今度は短めの，病気で療養所に入っていた人の話でした。彼はその話をこう終えました。「療養所（nursing home[11]）はたくさんの罪を隠すものなんです」。「あの夢での黒も隠すものでしたね。性器と胸が療養所で」。すると患者はまた言いました。「ちっ（bloody)」。

そして今一度，この話題から逃れようとがんばります。彼は週末のことを思い出して，今やかなりの怒りをもって，露天風呂を作るかもしれないというので掘っていた穴に関する作業について語ります。彼は午前中ずっとその作業にかかりきりで排水溝を工夫したりしていました。相当な時間とエネルギーをこの作業に費やしたのです。さてお昼を食べて作業を再開しようとすると，排水溝をいじくっていた女の子ふたりがそれを泥で埋め戻してしまっていたのです。患者は一瞬黙って，次に怒り狂った様子で言いました。「ちっ」。

この感情はすぐさま通り過ぎ，事務的な調子で患者は再度話しはじめます。「僕の知っている女の子がうおのめで苦しんでるんです。それで，うおのめとりをいくつかあげて，どうやって貼ればいいのか教えてあげました。剥がす時はすごく慎重にと言いました。慎重にやらないと肌が赤むけになってしまうので（red and raw and inflamed)」。

今，お話した部分は，不安状況を扱っている時の分析作業としては典型的なものでしょう。まだここでは不安状況の支流と言うか，派生系列までは踏査されていませんけれども。転移状況は十分に明らかです。分析家が夢に出てきた人物で，母親イマーゴの代理人です。そして患者はわたしに関する不

10）［訳注］強意語としての副詞 bloody。卑語に属すかなり強い表現。
11）［訳注］動詞の 'nurse' には「授乳する」という意味もある。

安と恐怖を「bloody」という言葉をわたしに投げつけるかたちで表現することぐらいしかできないわけです。

この患者が現在とりくんでいる不安が，人生のどの時期にはじまったかということは，あの巨大で精密なイラスト（drawings[12]）についての言及から推測できます。それはまさに，小さな子どもにとって母親が巨大であるように巨大なのですし，また，分析のこの瞬間に作動していたファンタジーにおいて，分析家が巨大であるように巨大でもあります。罵りは，彼がかつて恐れた存在と現在恐れている存在に対して吐き出されたものとして象徴的です。赤い乳首，赤い性器は，抑圧されている生理の血を見た記憶と混ざりあっています。黒は母親の性器に生えた毛をさしており，また「黒の下では赤むけ（red and raw under black）」というのは，ごく幼かった頃に見た小さな女の子の性器からの連想だろうと推測されます。

自分が作業していた排水溝に邪魔が入ったことに対する怒りは，最初は胸，のちには性器に結びついて，ファンタジーとして抱かれた切断（phantasied mutilation）の責任が自分にあるという思い込みによって生じた自身のペニスへの危害という，企図され，予期されている報復をめぐる不安を持ち越しているのです。

このテーマはついにうおのめの件をめぐって表面化します。うおのめをとることは，痛みをやわらげることですから，したがって隠れているファンタジーとは逆向きになっています。女の子に対する，肌が赤むけにならないようにという気遣いと慎重な指示は，その他の連想同様，患者のファンタジーにおいては母親が去勢されているということをはっきり告げています。

不安が開放されたことに関して理解すべき重要な点は，患者が母親に不安を与えたであろう種類の肉体労働をすることができたという事実です。患者はとても熱心に働きました。子ども時代や少年時代には禁じられていたこと

12）［訳注］第1章で指摘されているように動詞‘draw’には「吸う，吸い出す」の意味もある。

です。汗をかくような一切の作業と遊びは，風邪を引くのではないかという母親の不安のせいで禁じられていたのです。したがって，すでにかなりの効果はあがっていたわけです。さらに患者が実際にやっていた作業のもつ象徴的重要性も，つけ加えられるべきです。つまり穴から砂を掘り出すということです。患者の母親は，泥に対して極端な反応をしていたので，患者は服を汚すのではないかと恐れおののいていました。患者自身の攻撃的な肛門的ファンタジーや，糞便の力を得ようとする原始的な欲望をめぐる無意識的恐怖は，そこでの糞便の力というのが食べ物，子ども，母親の体内から出てくる父親のペニスなどのいずれを指すにせよ，母親の反応によって強調されていたわけです。したがって患者が砂を掘り出す作業に耽ることができたというのは，このファンタジーに関する恐怖が減少してきていることを意味します。つまり掘ることも，砂も，より象徴的なものになって，それほど現実的な母親の身体ではなくなってきているということです。分析において，攻撃的願望を意識的に理解するためのなにかが，前意識を経由してエスと無意識の間にリンクをはることによってなされたわけです。このプロセスが，最終的には，この患者に，1つには自分が攻撃的願望を持っていたし，現在も持っているということ，次に，それらは全能ではなかったし，現在もそうではないと信じることを可能にするものなのです。患者の願望は，現実には，母親の性器を傷つけはしませんでしたし，母親から患者以外の赤ちゃんをみな奪ったのでもありません。患者はひとりっ子でしたが，この事実が無意識的ファンタジーを強化していたのです。

8年か9年ほど前，あるアメリカ人の少女がわたしのもとで3年間分析を受けました。著名な神経学者を含む何人もの医者を渡り歩いた末にわたしのところにきたのです。患者はそれまでに安静療法も作業療法もやっていました。大規模な神経症的ブレイクダウンは，大人になってすぐに起こりました。海外にいる時は鎮静剤を与えられ，この習慣は帰国後も続いていました。分析治療にやってきた頃から何か月も，この患者は暗くなってから外出することができず，ひとりでいることもできませんでした。重い抑鬱に陥っていたのです。生育初期の環境は精神衛生によいものではありませんでした。患者は精神病院住み込みの軍医の娘で，小さい頃は父親がきまって病棟の巡回に連れていっていました。両親の間には深刻な不和があり，母親は患者の子ども時代初期，長い休暇をとって留守にしていました。心温かい立派な乳母がいたおかげで，子どもの頃，幼い少女は安定した人をひとりは持っていました。

分析はまったく不完全なものでしたが，抑鬱はやみ，外出への恐怖もなくなり，不安は緩和されました。患者は結婚しました。

そして8年後，ふたたび助けを求めてきたのです。彼女はいまにも泣きだしそうな状態でやってきて，子どもの頃のような感じがする，前に分析を受けた時のような感じだと言いました。具体的な問題は，ひっきりなしに排尿したいのが怖いということでした。患者は数分おきにトイレに駆け込んでおり，ずっとおしっこしていないといけないので外出するのを怖がっていました。話す間中，彼女は泣いていました。

わたしは以下の事実を知らされます。患者の母親が海外での長い滞在の末に家に戻ってきたところだということ。何年も遠くにいた姉が少し前に家に戻ってきたこと。その姉は海外で生まれた小さな娘を連れて帰ってきたこと。そして以下の事実が告げられました。患者の大好きな猫が病気になり，きれいにしているどころか家中におしっこをして，「処分された（despatched）」こと。さらにある日，夫の患者用待合室に入ったら，ある患者さんが椅子に座ったまま落ち着き払っておしっこしているのを見ることになり，ものすごいショックを受けたこと。

これらの事件を語ると，患者はおしっこすることに対して感じているパニックが，子どもの頃，パンツを濡らしてしまうのではないかと恐れてしばしば感じたパニックと同じものだとわかると言いました。「ばあや，速く，速く」と彼女は叫びだしたくなるのです。パンツをおろすのが間に合わないかもしれないと。

この二度目の治療に入って，患者が非常に強い不安を持っていた時期である，最初の何時間かの分析から，次の夢が語られた回をとりあげたいと思います。〈**わたしは寝室にいて，男の人が女の人にワインをあげようとしていて，わたしも少し欲しいと思いました。男の人はワインはくれなかったけれど，わたしのベッドのほうにきてキスしてくれました**〉[13]。わたしは前よりしあわせな気分で目覚めました。

姉に関する連想が最初に浮かびました。患者は言いました。「姉に会いたいとはぜんぜん思っていなかったのに，なぜか駅のホームで客車から出てくる姉を実際に見たら，取り乱して泣きじゃくりそうな気がしました。姉は小さな女の子を連れていました。もちろん，まだ会ったことのない子です」。

患者は猫について話しました。起こったことを深く悲しみつつも，患者はこう言いました。「すごく厄介でした。猫のあとをおいかけて拭いて回らないといけなかったんです。だからなにをしていてもそっちは置いておかないといけなくて，なんにもできないんです，猫のこと以外。猫がわたしの注意のすべてをしめていたんです」。それから患者は，姉の子がいかにわずかな注意しか必要としないかを語り，それにもかかわらず家族全員がその子に殺到しているかのように感じると言いました。また彼女と夫だけになって誰も干渉する人がいなくなったらうれしいと思うだろうと。母親は帰国し，前の晩に彼女を訪ねてきました。母親はすぐさま患者と夫をディナーパーティーや劇場やドライブへと連れ出す計画を練りはじめました。患者は言いました。「当然，わたしはどんどん動揺してきました。というのもトイレに行くことで不安にとりつかれていて，一緒に出かけられないとわかっていたからです。わたしは母に治療を受けていると言うのがこわかったんです。だって母はわたしのことを怒って，いらいらするだろうと思って。こんなに時間がたったのに，またわたしは前と同じように病気なんだと。わたしはすごく動揺して，とうとう泣き出してしまい，母がどうしたのと聞きました。わたしは母にす

13）［訳注］*"I was in a bedroom and a man was giving a woman some wine and I wanted some. He didn't give me any but he came over to my bed and kissed me."* I woke up feeling happier.

べて話して，すごくびっくりしました。驚いたことに母は親切でわかってくれたんです。すぐ治療のためのお金をくれました。わたしは結局，その後，母と母のホテルまでバスで一緒に行きました。お母さんもかわいそう，気の毒です。でも，わたし自身，これだけの問題をかかえているのに，母をかわいそうに思うなんて，ばかみたい。どうして，自分のことをかわいそうだと思わないで，母をかわいそうだと思わなきゃならないんでしょう？　母は健康で独立していて楽しい生活を送っているのに。どうしてわたしが母を気の毒に思って，小さい子どもだった頃に「ばあや，ごめんなさい」と言ったのとまったく同じように，母にそう言いたくなるんでしょう。たぶんそれは「おもらし（accident）」した時なんでしょうけど，おもらししたのは覚えてないんです。覚えているのはおもらしが怖かったことと，「速く，ばあや」と呼んでいたことです。ああいう時に待たなきゃいけないのは悲惨です。今日，思い切って買物に行ってみたんですが，店員が買ったものをわたしに渡すのを待っている間にパニックになってしまいました。店員がすごくのろいように思えて，わたしは絶対トイレを探しに走らなきゃだめだと感じたんです。店員に「速く」と叫びたくなりました。あの猫と，待合室を汚した女の人のことは，お話ししましたよね。でも，夫と出かけたこのあいだの休暇の話はまだしていなかったと思います。それが今回の突発的な不安の刺激になったのかどうかはわかりませんけれど。わたしたちはバルコニーに出るフランス窓のついた寝室にいました。その窓を思い切り開け放していたんです。ある晩，わたしたちは目を醒まして，ものすごい嵐になっているのに気付きました。ちょっとしてから，わたしはその窓を閉めなきゃと思ったのですが，恐ろしいことに部屋が水浸しになっているのがわかって，わたしたちにはその窓を閉められなかったんです。わたしたちは管理人を起こさなくてはならなくて，管理人にはすごく文句を言われました。管理人は絨毯がだめになるだろうと言いました。わたしたちの部屋の下の階の人も駆けつけてきました。わたしたちのところから天井を抜けてその人の部屋に水が漏っていたんです。わたしたちは水を掻き出してひどい時間を過ごし，損害を弁償しないといけないだろうと考えました。でも翌日になってみたら，たいしてひどくなかったんです，夜はほんとに悲惨だったんですけど。変ですね，これまでこの件について思いつかなかったなんて」。

そしてさらに続けました。「昨日の夜，突然気がついたんですけれど，これまでずっと，両親のベッドに入っているところを思い出したことがないと言っていましたよね。思い出せるのは入りたかったってことと，ばあやがわたしはもう大きすぎると言っていたことだけで。でも今はすごくはっきり思いだせるんです，朝，両親のベッドに行って，一緒にいたのを。考えると不思議な感じです，母がかつて赤ちゃんとしてのわたしにミルクをやっていたのだと思うのと同じくらい不思議です。姉はこれ以上赤ちゃんをつくらないだろうと思います。母がわたしが小さかった頃，とても長い間留守にしていたのはご存じですよね。でも，わたしにはばあやがいたし，思うんですけど，父はわたしのことをすごく気に入っていました。どんな風に，父と一緒によく病棟や庭に行っていたか覚えています」。

このケースはいくつかの理由で啓蒙的です。１つには，８年のへだたりのあとで，分析作業が中断した地点からなんらへだたりなどなかったかのように進んだことです。患者は即座により深い洞察をえました。彼女は早い時期の子どもの頃のパニック状況を，かつてしたことのないやりかたで理解し，正しい理由の１つを与えたのです。さらに以前は意識にのぼらなかった記憶が，今では容易に出てくるのです。

次に興味深い点は，分析が以前終わったところから即座により深いレベルへと進んだことです。ご報告した回にわたしがやったのは，分析時間の最後の要約だけです。不安を刺激したのは，解き放たれた思考や記憶やファンタジーでした。抑圧された不安は，回りくどい表現はとりませんでした。力動的に価値を持つのは，分析家の確信ではなく，患者の確信なのです。こういう回に注意すべきは，邪魔をしないということだけです。きたるべきファンタジーや記憶や情動を誰も失いたくはありませんから。

重要な解釈としてなされたのは水によって破壊するという攻撃的ファンタ

ジーにかかわるものです。父親のワインをめぐる母親との争いは，患者を待たせた店員に対する苛立ちとの関連で指摘されました。「速く，おしっこ」というのは，赤ちゃんだった時の，求めていたものを与えられなかったことに対する怒りと同じもので，この夢は母親から父親へと愛情を移し変えた時期を指しており，おしっこすることは母親に対する敵対的な行為なのだという指摘が可能でした。また，患者がどうして母親のことをかわいそうに思うのかについては，全能的に自分が2つの結果をもたらしたと思っているからだと言えました。(1) 母親は患者が非常に幼い時期に長い休暇をとって留守にし，その後，父親と疎遠になりました。(2) 母親は患者を最後にもう子どもを持ちませんでしたが，これもまた無意識的に患者の攻撃的欲望を全能的に充足させることになります。

では，まったく違う種類の例にまいりましょう。これは先にも述べた50歳の女性の分析からです。これからお話する夢は，約4か月の分析が終わる時に現れました。この患者の神経症的な徴候はすでにお話しましたよね。1つの家に長く落ち着いていることができず，患者と夫は，長年，次から次へと，患者が結果的に嫌悪を抱くことになる家を渡り歩いてきたと。患者は不満がちな傾向があって，時折，抑鬱に陥りました。患者はこういった傾向を歎いてはいるもののコントロールすることはできませんでした。この症例については，分析最初の週にすでに，患者の抱える主な問題の1つが，彼女が2歳半の時に1歳半で死んだ弟の死の責任が自分にあるという無意識的な思い込みだと，分析家にはわかっていたと申しました。患者の精神生活の構造は，47年というもの，この思い込みで織りなされていたのです。この解釈を分析第1週にしてしまうことも可能ではありました。が，そういう解釈が受け入れられることはありえなかったでしょうし，もし受け入れられたとしても，単なるリップサービスにしかならなかったでしょう。この患者は宗教については強烈に厳格な人でした。肉体生活に関することは，ことごとく不快に思えるのです。患者は宗教的研修（retreat[14]）に行きたがり，宗教的実践を追求していました。彼女は精神分析が「セックスにかかわる」と聞いていて，それがほんとうなら分析を続ける気はありませんでした。彼女は定期的に懺悔しに行っており，司祭に分析で明らかになったことを話しているようでしたが，わたしは彼女が司祭になにを言い，司祭が彼女になにを言ったか，直接聞いたことはありません。また，休暇期間とホテル住まいが終わったあとの次の家を患者の夫が準備していることから，精神分析からなんらかの助けをえられるとしても，その期間は6か月しかありませんでした。

6か月以内にどのような改善が可能かというのは，明らかに，聖なる父との比較において分析家が悪い親になってしまうのを避けるという用心にかかっていました。患者は常にわたしが「なにかひどいことについて」言うのではないかと警戒していたのです。あの半年で性的な問題にからむことをわたしから口にしたことはなかったと思います。そういう話になると患者のリードに従って，患者よりほんの少し先までしか行かないようにしていたのです。そして，それで行ける限りのところまで，まずまず満足のいく結果が得られていました。患者は長年，夫と関係を持っていませんでした。性交があった時でも患者はつねに不感症でしたが，もう長年，別のベッドで寝ていて疎遠になっていたのです。分析の終わりにかけて，患者はほんとうにしぶしぶと恥じ入り驚きいらだちながら，ある晩，愛撫をもとめて夫のベッドにもぐりこんだと告白しました。彼女にはなぜそんなことをしたのかわからなかったのです。

この患者に対しては，わたしの側で，この患者特有の精神が総体として起こしそうな反応の種類を推測し，よくよく考えたもの以外，解釈は出していません。それに，例の司祭のことはいつも気にかけていましたしね。

ご紹介する夢は，どの種の分析が行なわれ，どの種の進歩が可能だったかを示す，まずまずの例です。子どもだった頃の状況に関しては，性的な問題に一度としてはっきり直接的に触れることなく，抑圧を相当やわらげることができました。もし性的な問題に触れていれば，必ずや分析は中断していた

14）［訳注］一定期間，教会関連施設や修道院等で行なわれる，制度化された研修のこと。

でしょう。興味深いのは，そのように限られた状態であっても，ためらいがちにおずおずとではあれ患者から夫に交渉をもちかけた時，それまでの分厚い霜のように凍りついた抑圧を打ち破って患者のリビドーが十分に緩んだのがわかったことです。

さて，夢はこうでした。〈**彼女は教会に入りました。教区牧師がそこで誕生日のプレゼントを受け取っているところだと彼女にははっきりわかっていました。ひどく盗み見をしているような気がしていました。彼女は信者席にきちんとクッションを置こうとするのですが，できませんでした。彼女は別の席によじのぼります。女の人が赤ちゃんにミルクをあげていました。彼女は床の上にきたならしい水たまりがあるのを見て，教会の後ろのほうの先の席に戻りましたが，それをすべて見ていた観客がいたのに気づきました**〉[15)]。

この夢を語った日，患者は「いやな」ムードで到着し，なんのせいで「いやな」ムードになっていると思うか話すように言っても，なにも理由を見つけることができませんでした。ただ，前夜，ホテルのラウンジでいつも彼女が座っている席に見知らぬ人が座っていて，どいてくれないかと思ってあたりでごそごそしてみても，まったく気づかない様子でいたということはたしかでした。また，メイドが患者に朝のお茶をもってくるのが遅れました。お客が増えると，いちばん長く滞在している客が，本来そうあるべくいちばん大切にされるのではなく，新しいお客のせいでおろそかにされるのだと彼女は考えました。また，前夜，夫に訪問客があり，ふたりでえらく話し込んでいて，彼女が言わんとしていることにはあまり耳を貸そうとしていないようにも思えました。

患者は前日わたしの言った，子どもは自分の「便通」について考えること

15）［訳注］*“She went into a church where she was sure the vicar was receiving birthday presents. She felt very peevish. She tried to put the cushions right in her pew and couldn't. She climbed over into another pew. A woman was nursing a baby. Then she saw a puddle on the floor and climbed back to her old pew at the back of the church but she found she was facing the audience for all that.”*

があるというのにひどく驚いたと言いました。子どもがまさかそんな汚いことを考えるなどとは思っていなかったのです。「便通」とはあるべきものというだけで，子どもも母親と同じく，とにかくやって片付けてしまえばうれしいのだと思っていたのでした。子どもはおもしろがるかもしれないという前日のわたしの指摘は，患者にとってはまったく新しい発想で，それを聞いてとても嫌な気分になっていたのです。でも患者は，海外で知り合ったばかりの友人のところに滞在した時のことを思い出しました。子ども部屋にあがっていくと小さな女の子がおまるに座っており，教授である父親は入っていくと「まったく驚いたことに，身を屈めておまるに座っている子にキスをして聞いたんです。『さあ，調子はどう？　どのくらい出たかい』。するとその小さな女の子は大喜びで飛び上がって『見て，こんなにたくさんしたの』と言い，また教授もそれに『すごいね』と応じたんです」。患者は言いました。「そんなの見たことも聞いたこともありませんでした。いったいどう受け取ればいいのか，むかつくべきなのかどうかもわかりませんでした。でもその子はすいぶん楽しそうでした。夫はそんなことはしたことがないし，だいたい子ども部屋でそんなものを見るようなことはさせませんでした」。

患者はちょっと間を置いて，もう話すことを思いつかないと言いました。「じゃあ，さっき夢をおっしゃいましたよね。夢のことを考えてみてください。夢を頭の中にやきつけて，絵を見るようなつもりで眺めて，できれば他の絵かなにか，考えが浮かばないかやってみてください」[16]。すると患者は言います。「クッションとか，よじ登ったり，後ろのほうの席に座ったりしたのですが，夢の中で自分がそうしているのを見ていると，自分の子のことを思い出します。子どもがまだひとりだった時は，当然，その子［♀］をわたしと向かい合わせに乳母車に載せて，歩きながら話しかけられるようにしていました。ふたり目の子［♂］ができて，その子も乳母車にのせて出るようになると，最初の子はわたしに背を向けるように座らせて，それまで最初

16）［訳注］第２章の「ドラマ化」の説明に基づけば，これは「ドラマ化」の利用。

の子がいたところに，次の男の子をわたしと向かい合わせに座らせました。分析の間に，こういう件についてうかがったことからすると，最初の赤ちゃんは，自分の席からどかされるのは好きではないんでしょうけれど，わたしは最初の子が抵抗したようには覚えていませんし，わたし自身，赤ちゃんだった弟に抵抗したことも覚えていないのです。でも，先生は子どもは席を奪われることには抵抗するとおっしゃいましたね」。

そこでわたしはこう答えました。「でも，今，ちょうど，子どもでいらした頃に思ったように感じておいでですよ」。すると患者は言います。「どうすればそんなことができるんでしょう？　わたしはもう大人ですし，先生がおっしゃっているのは赤ちゃんの頃のことです」。

「昨日の晩，ラウンジでいつもの席を男の人にとられて怒ってらしたでしょう」とわたしは答えました。「当然じゃありません？」と患者は言います。「まったく当然です。ホテルの椅子を自分の持ち物であるかのように考えるのは，最初の赤ちゃんが乳母車の席を自分のものだと思って，次の赤ちゃんにそれをとられたら怒るのと同じく自然なことですし，また，他に誰か楽しませないといけない人がいるせいであまり気に留めてもらえないといって腹を立てるのも，昨日の晩の会話でそうだったのと同じく，自然なことです。さらに，新しいお客に先に食事がいって待たされたという今朝の件もそうです」。

この回は，別の連想に照らして，さらに２つの解釈をすることができました。１つは，この夢が赤ちゃんの頃，腹をたてておしっこした時の抑圧された記憶を含んでいるという推測です。もう１つは，分析家側の準備的な一手として，それを子どもが父親に贈り物をする最初の方法として，うんこをして教授を喜ばせた小さい女の子の話に結び付けることでした。これと，小さな女の子が母親のしたことを自分もしたいと願うファンタジーの類似性を示して，夢は患者の父親が母親から赤ちゃんというプレゼントを受け取った時をめぐるものだと推論しました。それは「誕生日」のプレゼントだったわけです。この時間中，前日，患者が５分間待たされたことを使って転移状況が説明され，さらに，その具体的な設定の中で，患者がまるで乳母車の後ろの席に置かれているかのようだということ，そして，次の子のほうがより完全だから待たされているのだというファンタジーを利用することができました。

この夢と，この種のケース特有の事態は，分析におけるペースの問題として，患者のペースに従う必要を，非常によく示しているとわたしは思います。

では，この章のおしまいに，無意識的ファンタジーと並行して現実の中で生じた，子どもにとっての問題をたいへん見事に示している例をご紹介しましょう。こういう夢です。〈**僕は開かれている家系図を見ました。ジェイン・オースティンの小説の登場人物がどういう関係になっているか，書いてありました**〉[17]。夢を見た人は説明を加えます。「まるで，ある小説に出てきた登場人物が，ほかの小説にまた新しい登場人物といっしょに出てきているかのようで，家系図はそれがお互いにどういう関係になっているのかを示していました」。その「家系図（table）」と患者は言いましたが，それはごく普通の家系図のスタイルで，婚姻関係や親子関係を示していて，一族の様々な分家すべてと，それぞれの先祖を見ることができました。

連想はまず現実にあった複雑怪奇な経験へと向かいました。夢を見た人は，幼い少年だった頃，難題をかかえていたのです。Xがお姉さん，Yもお姉さんで，Zはお兄さんです。そして，Aがお兄さん，Bもお兄さんです。ところがAとBのお父さんはもう死んでいて，この少年自身のお父さんはまだ生きています。ところが彼のお母さんはAとBのお母さんでもあるのです。夢の中ではすべての登場人物の関係は非常に明確でした。

夢を見た人はオースティンという著名な女性作家を選ぶことで，成人後，傑出した人物として生きた子どもたちを生んだ母親に賛辞を送っているのです[18]。

17）［訳注］*"I saw a genealogical table set out and it showed how characters in Jane Austen's novels were related to each other."*

18）［訳注］シャープが分析したエイドリアン・スティーブン（Adrian Stephen，バージニア・ウルフの弟）を連想させる話。

同じ母親と違う父親を持つきょうだいがつくりだす訳のわからない状況には，また別の訳のわからない状況がからんでいました。それは夢に出てきた家系図に，九九の表で見慣れている記号が入っていたことで明らかになりました。そこで，九九の表が子どもにどういう難題をつきつけうるかが，わかります。「掛算（multiplication）」への連想から，患者の思考は生殖へと向かい[19]，そこで，子どもによっては1足す1が2になると理解することすら難しいのはなぜなのかが，はっきりしました。1足す1は6にもなりうるからです。この例では，ことはさらに入り組んでいます。1足す1は最初は2になりました。そこでお父さんが死に，お母さんは生き残りました。そして今度は，1足す1が4になりました。では，2番目のお父さんはいつ死ぬのでしょう？　そしてそのあと，お母さんは誰と子どもを作れるのでしょうか？子どもが知るかぎりの事実におけるロジックでは，子どもが作られたら，お父さんは死ななければならなかったのです。

もっと深いレベルのファンタジーが「表（table）」という言葉の意味から明らかになりました。なぜ掛算の「テーブル」でなくてはならないのでしょう？　幼い男の子にとって「テーブル」が持ちうる唯一の意味は，食べる場所です。それは，この子自身の経験の中では，常に食物の供給を受けた最初のテーブルである母親の身体の投影でなくてはなりません。この連想を辿って，わたしたちはいちばん最初のいちばん単純な乳児のファンタジー，すなわち生殖は食物という手段で達成されるというファンタジーに到達しました。

患者はそれぞれ個人的な心理をもっています。分析家に求められるテクニックは，分析家の無意識をめぐる知識から編み出されるだけでなく，分析家が自分を特定の相手に適応させる能力からも編み出されなくてはなりません。ある人の問題は，特殊な環境的諸要因と切り離すことができませんし，分析家が用いるテクニックをどんな布でも測れる物差しという以上に繊細な道具にしたいのであれば，その特殊な環境要因を知ることには，そうでない要因

19）［訳注］'multiply' には「増殖・繁殖する／させる」という意味もある。

を知ることと同じだけの重要性があるのです。分析のテクニックは応用技術（applied art）であって，どんな技術もみなそうであるように，技術の諸原則は媒体のもつ制約によって条件づけられるのです。分析家のアプローチ，テンポ，解釈というメソードは，その患者特有の人柄に合うものでなくてはなりません。油彩も水彩も，粘土も石も，バイオリンもピアノも，詩も小説もみな，具体的なひとりの人の感情を描き出すことができますが，それを伝えるテクニックは非常に異なるものです。ですから，全人類に共通の情動を扱う時も，絶え間なく永遠に続く関心は，そういう情動が個々のセッティングにおいてとる数限りないあらわれにあります。テクニックの様々なニュアンスは，分析家が自分の素材に波長を合わせた時，いま，作業をしている特定の媒体に反応して生じるのです。

第5章　ある1つの夢の分析[1]

1. 夢を見たのは分析のどういう段階だったか
2. 分析時に見られる特徴的な振る舞い
3. ある1回のセッションで得られた分析素材と分析家によるコメント
4. 分析素材の吟味，推論，患者に示した解釈
5. 分析の進展を示した後続の2セッション

この章では，ある患者がある夢を語った1回のセッション中になされた全発言を考察してみたいと思います。さらに，そのセッションに続く2回の分析で見られた重大な精神的出来事と，そのセッションがもたらした分析的局面についても簡単にお話しします。なぜならそれでもってはじめて，分析家の解釈が，それまで深く抑圧されていた感情をめぐる構えや，ファンタジーや，情動的記憶を意識化するうえで役立ったかどうか，判断することができるからです。

ここで選んだ夢は，先にあげた頻尿のストレスに苦しむ女性の夢のように簡単に意味を明らかにするものではありませんでした。可能な解釈がたくさんある中，どれを選んで注目すべきかは，わたしが決めなければなりませんでした。

ごく簡単にこの患者が抱える困難の特殊な側面を説明します。分析がどの段階まできていたかという観点から，問題のセッションを理解できるようにです。これほど複雑な症例ともなると，全体像を説明しようとするとかえって問題を混乱させることになりかねません。

---

1)［訳注］ラカンが1959年のセミネールで5回に渡って引用，解釈した章（Lacan 2013）。

この時分析は最も重要な局面を迎えていました。父親は患者が3歳の時に亡くなっています。患者は末っ子です。父親については非常におぼろな記憶しか持っておらず，実際「これは覚えている」と言い切れる記憶は1つしかありませんでした。父親はたいへん尊敬され，愛されていたので，患者は父親についてよいことや立派なことしか聞いていません。父親や父の死に結びつく無意識的な問題の抑圧があまりにも強くなっていたので，分析中の父親への言及は3年近くほとんど変わらず，父親は死んでいるという事実でしかありませんでした。「わたしの父は死んだ」，「死んでいる」ということに常に強調が置かれていたのです。ですから，ある日，患者が父親は生きてもいたのだと考えた瞬間は衝撃的でしたし，さらに自分は父親が喋るのを聞いたはずだと考えたのは，輪をかけて衝撃的でした。それ以来，非常にゆっくりとですが，人生最初の3年間における動きと，父の死がもたらした心理的変化を理解する可能性が出てきました。父親との精神的なつながりが無意識的抑圧に縛られていたのとまったく同じように，そのつながりのわたしへの転移も無意識のままに留まっていました。父親が「死んでいる」通り，父親転移に関するかぎりわたしも「死んでいる」のです。患者はわたしについてなにも思うところがありません。わたしについてなにも感じないのです。患者は転移という理論を信じられないでいます。せいぜい分析シーズンの終わりや週末に入る時にある種の不安がぼんやり生じるという程度で，その不安がわたしや分析にかかわるものだと知的にも考えてみられるようになったのは，先月かそこらからです。患者はこれまでその不安を執拗に現実的な理由のせいにしてきたのです。不安の説明になるようなものをいつもちゃんと見つけてくるのです。

この分析はえんえんと続く退屈なチェスに喩えられるかもしれません。わたしが患者の無意識において復讐する父親，つまり患者を追い詰め，王手をかけ，その先はもう死ぬしかないという状況へと追いやる父親であることをやめるまで続くでしょう。このジレンマから抜けだす道は（患者以上にその戦略に長けている者はいません。何しろファンタジーの中では，それに彼の命がかかっているのですから），生後数年間に抱いた父親を排除したいという無意識の欲望をゆっくりと明るみに出すことでした。なぜならこの欲望を転移の中でもう一度蘇らせることでしか，現実に父親を殺したのだという患者の全能的思い込みをやわらげることはできないからです。この思い込みは転移の中で再度検証されなくてはなりませんが，それをすまいとして，患者の自己保存的な欲動（ego-preservative instincts）のすべてが動員されているのです。身体の保全（bodily preservation）のためにこそ，患者はファンタジーにおいて必死で闘っているわけです。今のところそれはまだペニスの保全というところにも至っていません。ペニスと身体はまだ１つのものなのです。

最大限複雑にからみ合った諸問題の中からとなると，そのうちわずか１つの問題に限ってみてすら，その一局面を個別に抜き出すのは難しいものです。身体の保全という問題が，患者の大人としての人生の中でどう作用したかを考えてみてください。弁護士として仕事を始めるという時になって，患者は重篤な恐怖症に陥りました。手短に言えば，これは仕事をうまくこなす度胸がないということではなく，もしやればうまく行きすぎてしまうので，実際に仕事をやめないといけないということなのです。死の床で父親が言い残し，幼い息子が繰り返し聞かされることになったのは，「ロバートが跡を継ぐに違いない（Robert must take my place.）[2)]」という言葉でした。これはロバートにとっては，大人になること＝死ぬことを意味しました。さらに，貪り食う母親イマーゴ（devouring mother-imago）を無意識的ファンタジーにおいて再強化するものでもありました。その愛情と配慮は父親の死にしか結びつかなかったからです。

分析の任務は，患者が生後３年間で経験した攻撃的な欲望に対する恐怖をやわらげることでした。攻撃的欲望への恐怖とファンタジーにおけるその帰結は，この欲望を意識化することでしかやわらげようがないのですし，またそうすることでしか，リビドー的欲望（libidinal wishes）は死を意味することを止めないでしょう。さらに，存続がかかっているのが患者の身体自我（body-ego）である以上，患者自身の身体や身体機能をめぐるファンタジーを

2）［訳注］字義どおりには「わたしの位置に来るに違いない」

もってしか，精神的な成長はありえません。つまり，この人が抱える諸問題は，身体自我に関わるものなのです。心的自我（psychical-ego）の活動が，ファンタジーにおける消滅から身体それ自体を守ることばかりに必死になっている時，それはやせこけたものでしかありえません。この患者については，知的発達さえも，現状では主として防衛目的で使われています。知識を獲得することも，唯一の重大な要請に駆り立てられているのです。この患者の問題は身体的なものですから，わたしの任務は，もし達成しうるとすれば，患者の長く理屈っぽい話を身体的な言葉に翻訳することなのです。患者の生身の身体をめぐる問題は，身体的感覚の抑圧ということでした。患者は「感じること」に飢えています。患者の整然とした努力のすべては，のきなみ筋肉や動作の見事なコントロールとして実を結んでおり，あまりにも見事に確立されたコントロールなので，自然かつ必然的な当然のもののように見えるのです。患者の語りもまた，その完成度といい口調といい，まとめ方，語り方ともにまったく同じ秩序を示すものです。生き生きとした生は失われており，完璧ではあれ死んだ完璧さというもので，父親のそれに匹敵するものでさえあります。ですから，この分析で１つわたしが決して見失わないようにしていたものは，抽象的な物事を分析して，身体的出来事に関する表現にするチャンスでした。第２には，患者の大人としての人生最大の問題である，つまりなぜ働けないのか，そして，いつになったら働き出すのかということに注目するのではなく，むしろテニスやゴルフをする，スケッチをする，絵を描く，庭いじりをするといった，実際できているあらゆることに注目することでした。なぜならこうしたことについて制止や困難を解決できるのなら，その際に明かされるファンタジーを実地に探求することができますし，そうしたファンタジーをたどっていけば，職業的に働く能力につながるだろうからです。彼はそういったことは「ただの遊び」だと言います。しかし本当に「ただの遊び」なら，仕事はもはや危険なものではないはずです。喜ばしい仕事とは，喜ばしい遊びに根差すものだからです。

この章でご紹介する夢を患者が語った日，わたしは彼が階段を上がってくる音を耳にしませんでした。それまでも一度として耳にしたことはなかったのです。絨毯敷の階段ですが，だからではありません。ある患者は２段ずつのぼってくるので，そのぶん大きな足音が聞こえてきます。あるせかせかした患者だと，騒がしい感じを聞きつけることになります。また，鞄や傘や拳を必ず手摺にぶつける人もいます。ある患者は３回のうち２回はトランペットのように鼻を鳴らします。帽子や傘や鞄を持ったまま入ってくる人もいます。置いてくるべきなのにです。それをまずいちばん手近な家具にどさっと置く人もいれば，慎重に場所を選んで置く人もいます。カウチに身を躍らせる人もいれば，横になる前にカウチの奥の端まで周り込んでから横になる人もいます。躊躇し，部屋を見回してからようやくカウチに身を預ける人もいます。カウチで静止状態を保ち，同じ姿勢に疲れると動く人もいれば，はじめから動き回っていて分析時間が進むにつれて落ち着いてじっとする人もいるでしょう。

ともかく，この患者が階段を上がってくる音は聞いたことがないのです。帽子やコートや傘を持ち込んだこともありません。常に同じなのです。カウチに至る経路も常に同じです。常に同じありきたりの挨拶を常に同じ笑顔でするのです。感じのいい笑顔で，強いられたものではありませんし，敵意に満ちた衝動を明らかに隠しているといったものでもありません。なにかを垣間見せるだろうはずのところで，何一つとして垣間見せるそうしたものがないのです。急いだ様子もなければ場当たり的なところも，服が乱れていたこともありません。身仕度を急いだ様子もなく，毛筋一本乱れていません。実はメイドが遅刻して朝御飯が遅れたのかもしれません。でもそういう事実を運よく聞けるとしたら，分析時間が終わる直前か，ありがちなパターンとしては翌日になってからなのです。患者はカウチに横になって身体を楽にします。そして胸の上で両手を重ね，あとは時間が終わるまでそのままです。最近，ほっとしたことに，苛立ちを感じた時に鼻や耳を掻くということができるようになり，数週間前には性器に興奮を感じることまでできました。時間中，患者はずっと話していますが，はっきり，滑らかに，躊躇うことなく，あまり間をあけずに喋ります。患者は明瞭な落ち着いた声で話しますが，それは感じたことではなく考えたことを言っているからなのです。

さて，一度として階段での物音は聞いたことがないと申しましたけれども，この分析の数日前，部屋に入ってくる直前に，よくよく小さな，限りなく控え目な咳が聞こえたのです。身体的なかたちでの無意識の顕われがどれほど激しく欠けているか，その慎み深い，かすかな咳を聞きつけたわたしが狂喜したと言えば分かっていただけるでしょう。もっと大きな咳にならないものかと期待して，このことにわたしは触れないでいました。この患者の場合，無意識的な兆候に注意を向ければ，それを止めることになってしまうからです。この人の大目標は，うっかり自らを露わにしないことであり，うっかり正体を暴露するようなことは，なんであれコントロールすることなのです。加えて，患者はどんな無意識的兆候にもすぐさま気づくので，自発性がことごとく阻まれてしまうのです。

そしてこの日，患者はまず挨拶し，横になると，がっかりしたことに，いつもどおりの落ち着いた慎重な声でこう言ったのです。「部屋に入る直前にした小さな咳について考えています。この数日，咳をしていて，それには気づいていたのですが，先生がお気づきかどうかはわかりません。今日はメイドさんにどうぞお上がりくださいと言われたところで，咳をすまいと心に決めたのです。ところがいやなことに，そう思った途端に咳をしていました。こういうことをしてしまうのはなによりいやです。なによりいやなのは，自分の中で，あるいは自分のそばで，コントロールできない，またはコントロールしていないなにかが起こっているということです。咳がなにかの目的にかなっていると考える人もいるのかもしれませんが，ああした小さな咳がいったいどんな目的にかないうるのか，難しいところです」。

分析家　どんな目的にかないうるのでしょう？

患　者　さあ，恋人がふたりでいる部屋に入っていくとしたらするかもしれないといったことですね。そういうところに近づきつつあるとしたら，控え目に咳をして邪魔が入ることを知らせようとするかもしれません。わたしもやったことがあります。たとえばわたしが15歳の少年で，兄が居間で女の子と一緒にいた時，部屋に入る前に咳をしたものです。もし抱きあっていてもわたしが入る前に止められるように。そうすれば抱き合っているのを見られるようなきまりの悪い思いはしないですみますから。

分析家　するとなぜここに入る前に咳をしたのですか？

患　者　それは馬鹿げています。というのも，ここに誰かいるのなら，わたしが通されるはずがありませんし，先生のことをそういう風にはまったく思っていませんから。わたしの知るかぎり，咳をする必要はまったくありません。とはいえ，それで，あるファンタジーを抱いたことがあったのを思い出しました。わたしは部屋にいるのですが，それはいてはいけないところなのです。誰かがわたしがそこにいると思うかもしれないので，人が入ってきてわたしに気づくのを避けるために，犬のように吠えようと考えたのです。それでごまかせるでしょう。その人は，「ああ，なんだ，犬か」と言うでしょうから。

分析家　犬？

患　者　ある犬のことを思い出しました。わたしの脚に体をこすりつけ，ようするに自慰していたのです。お話するのが恥ずかしいのは，わたしがその犬を止めなかったからです。やらせておいたのです，誰か入ってきたかもしれないのに。（患者はここで咳をする）

なぜ今，昨日の夜の夢を思い出したのかわかりません。すごい夢でした。延々と続いたのです。もし全部お話しようとしたら，残り時間を使いきってしまうでしょう。でも心配いりません，そんなことして退屈させたりはしませんから。というのも単純な理由で，思い出せないのです。でもエキサイティングな夢でした。出来事でいっぱいで，たいへん興味深い。起きた時は暑くて汗をかいていました。これまで見た中でいちばん長い夢だったはずです。〈**妻と一緒に世界一周旅行をしていて，チェコスロバキアに着いたのですが，そこではありとあらゆることが起こっていました。わたしは路上である女性に出会いました。その道は，今になってみれば，最近**

先生にお話しした2つの夢で描写した道を思い出させます。別の女性の前で，女性と性的プレイをしている夢です〉[3)]。それがこの夢でも起こりました。〈**今回，性的なことをしているあいだそこにいたのは妻でした。出会った女性は非常に情熱的な外見で**〉[4)]，昨日レストランで見た女性を思い出します。色黒で，とても豊かな唇で，とても紅く情熱的に見えましたし，わたしがちらっとほのめかせば彼女が応じるだろうことは明らかでした。彼女が夢の刺激になったに違いないと思います。夢では〈**その女性がわたしと性交したがっていて，彼女が主導権を握って，先生もお分かりの通り，わたしにとっては大いに助かる展開でした**〉[5)]。その女性がそうしてくれれば非常に助かるわけです。夢では，〈**女性はまさにわたしの上に乗っていました。というのをたった今思い出しました。彼女は明らかにわたしのペニスを自分の体に入れようとしていました。そうとわかったのは，彼女の手の動かし方からです。わたしはそれには合意しませんでしたが，彼女がひどくがっかりするので，彼女を自慰しようと考えました**〉[6)]。この動詞（masturbate）を他動詞として使うのは，ひどく間違っている感じがします。「わたしは自慰した（I masturbated.）」とは言いますし，それは正しいですが，他動詞として使うのは完全に間違っています（all wrong）。

分析家　この動詞を他動詞的に使うのは「完全に／すべて間違い（all wrong）」？

---

3)［訳注］*“I was taking a journey with my wife around the world, and we arrived in Czechoslovakia where all kinds of things were happening. I met a woman on a road, a road that now reminds me of the road I described to you in the two other dreams lately in which I was having sexual play with a woman in front of another woman.”*

4)［訳注］*“This time my wife was there while the sexual event occurred. The woman I met was very passionate looking”*

5)［訳注］*“the woman wanted intercourse with me and she took the initiative which as you know is a course which helps me a great deal.”*

6)［訳注］*“the woman actually lay on top of me; that has only just come to my mind. She was evidently intending to put my penis in her body. I could tell that by the manœuvres she was making. I disagreed with this, but she was so disappointed I thought that I would masturbate her.”*

患　者　なにをおっしゃりたいかは分かります。確かに自分自身を自慰したことだけはあります（It is true I only masturbated myself）[7)]。

分析家　だけ（only）？

患　者　一度だけ，男の子を自慰したことがあるのを思い出しましたが，詳細は全部忘れていますし，これについてはあまり触れる気になれません。覚えているのはその時だけです。この夢のほうは鮮明です。オルガズムはありませんでした。彼女の膣がわたしの指をしっかりつかんでいました。わたしは彼女の性器の前面，陰門を見ました。なにか大きくて突き出したものが垂れ下がっていて，フードの折り目のようでした。フードのようではありましたが，わたしのペニスを捉えようとして彼女が使っていたのはそれでした。膣がわたしの指の周りで閉じる感じでした。フードは奇妙に見えました。

分析家　他に思いつくものはありますか。映像を思い浮かべてみてください[8)]。

患　者　洞窟ですね。子どもの頃住んでいたあたりが丘の斜面で，そこに洞窟がありました。よく母と行きました。人の通る道からも見えていました。いちばんすごかったのは上端が突き出ていて，それが巨大な唇にすごくよく似ていることでした。子どもの頃は，怪物の唇に似ていると思っていたものです。今，突然，陰唇というのは唇の意味だと考えました。なにかのジョークで，陰唇が縦ではなく横方向に走っているというのがありましたが，どういうもっていき方のジョークだったかは思い出せません。中国語の書き方と英語の書き方の比較があって，書き始める側が違うとか，下から上だとか。もちろん陰唇は左右に並んでいますし，膣壁は前後ですから，片方は縦方向で，もう片方は横ですね。わたしはまだフードのことを考えています。

分析家　ええ，で，今度は？

7）［訳注］「自分自身（myself）」を目的語とする他動詞としての用法。
8）［訳注］第2章での「ドラマ化」の説明に基づけば，これはドラマ化を求める発言。

患　者　ゴルフを始めたばかりの頃，コースで会ったおもしろい男のことです。ゴルフバッグを安く手に入れてやれる，素材は「自動車のフードの生地」だと言っていました。その訛りが記憶に残っているんです。あれは絶対忘れないでしょう（と真似をする)。こんな真似をしていたら，ラジオで物真似をしている友達のことを思い出しました。とても見事な物真似です。が，こんなことを先生に言うのは「ひけらかし」ですね。わたしがどれほどものすごいラジオを持っているか，言って聞かせるのと同じぐらいひけらかしっぽいです。そのラジオは，全局難なく拾うんですよ。

すごい記憶力の友達がいます。彼女は子どもの頃のことまで覚えているんです。わたしは 11 歳になる前のことはほとんどだめですが。でも，覚えているのは，劇場で聴いた歌のうち最も早い時期のもので，彼女があとで歌った男の真似をしたのです。あれは「どこでその帽子，手に入れた？どこでそのタイル，手に入れた？」[9]でした。またフードのことに頭がいっています。生まれて初めて乗った車を思い出しているのですが，もちろんまだモーターと呼ばれていた，車が出はじめたばかりの頃です。その車のフードを。ほらまた『モーターフード』でしょう。さてそのモーターのフードがその車のいちばん目立つところでした。フードを使わない時は，ストラップで後ろに留めておくのです。内側は深紅の裏地が張られていました。車の最高速度（peak of speed）は 60 マイル[10]でした。車の寿命にさしさわりのないところとしてはです。妙なものですね，車の寿命などとまるで人のことのように言うのは。その車で酔ったことを思い出しました。それで紙袋におしっこしなくてはならなかった時のことも思い出しましたが，それは列車に乗っていた時のことで，子どもの頃です。まだフードのことを考えています。

9）［訳注］“Where did you get that hat, where did you get that tile?” ‘tile’ は俗語で「帽子」の意。https://www.youtube.com/watch?v=IXZDydzsegk

10）［訳注］約 96 キロ。

分析家　ストラップで後ろに留めていたとおっしゃいました？

患　者　ええ，もちろんそれで思いつくのは以前どうやって革のストラップを集めていたか，どうやって革のストラップを切り刻んでいたかです。何か役に立つものを作るのにストラップが欲しかったように思っていましたが，きっとたいして必要ないものだったのでしょう。あれが強迫だったとは思いたくないのですが。だから咳が気に障るのです。思うに，姉のサンダルも同じように切ってしまったのでしょう。ごくかすかな記憶しかありませんが。いったいなぜ，なんのためにその革が欲しくて切ったものか，どちらもわかりません。

でも突然ストラップのことを考えました。子どもが「乳母車（pram）」に固定されている時見かけるもののことです。が，すぐさまうちには「乳母車」はなかったと言いたくなりました。そこでまた，馬鹿だなあ，「乳母車」がなかったはずがないじゃないかと考えました。乳母車のことは思い出せないですね。父が車椅子で押してもらって動いているのを見た記憶がないのと同じです。ただ，車椅子を見た記憶はぼんやりとあります。

突然，クラブの新入会員ふたりに，入会許可の手紙を送ることになっていたことを思い出しました。前任者よりいい秘書だと自負しているのに，それでいてクラブへの入会許可を出し忘れているのですから。「まったく，わたしたちはなすべきことをはずし，なすべからずことをなし，よきところあることなし（Ah well, we have undone those things we ought to have done and there is no good thing in us）」[11]。

11）［訳注］ラカンがセミネールで引用した際の争点の1つ。英国国教会祈祷書の“General Confession（懺悔の祈り）”に，“we have *left* undone those things we ought to have done; and we have done those things which we ought not to have done; and there is no *health* in us”（強調訳者）とあり、シャープなら当然よく知っていたはずなのに患者の引用の歪みを指摘していない、これは歪みによって患者の「純然たる創作」になっているとラカンは指摘し，“good thing”を「ファルス」だと解釈する（Lacan 2013: 242-3）。しかし，シャープは国教徒ではなく，この箇所をめぐる後続の2度の記載では、ここで脱落している‘left’が入っており，祈りのパターンとして“there is no good in us”という

分析家　はずした／やらぬがまま？（Undone?）

患　者　ええ，このフレーズで「ズボンの前ボタン（fly buttons）」のことを考えたと言おうとしていたところです。一度もやらぬがままにしたことなどない（never leave undone），忘れたことのないボタンなのですが，驚いたことに，忘れていることに先週妻が気づいたのです。夕食の席でのことで，こっそりテーブルの下で直しましたよ。今，夢を思い出しました。覚えてらっしゃるでしょうが，ある男がわたしにコートのボタンをちゃんとするように言っていた夢です。それでまたストラップのことが頭に浮かび，さらに子どもの頃，夜，ベッドから落ちないように留められなくてはならなかったこともです。きっと乳母車でもストラップで留められていたのでしょう。

ではここで，潜在思考として繰り返し現れるテーマを出てきた順に見直しましょう。

1. 咳
2. 咳が出ることに関する連想
(a) 一緒にいる恋人たちを連想すること。
(b) 分析家に関する性的なファンタジーの拒否。
(c) 自分がいてはならないところにおり，犬のように吠えて気配を消すというファンタジー。
(d) さらに，犬を自慰させておいた記憶をもたらしたこと。

このように連想が結びついた時，患者は咳をし（吠えることと比べてくだ

バージョンも実在し（たとえばエンゲルスの『イギリスにおける労働者階級の状態』に出てくる），そしてなによりシャープの引用が全体に正確とは限らないため（「牧師が聖書を知るように知っていた」と言われるシェイクスピアについてさえ），これが患者の引用の歪みかどうかは疑問が残る。

さい)，突然夢を思い出しました。

3. 次のテーマが夢でした。この夢についての話の中に，患者の見かけた実在の女性の鮮明な像がありましたが，その像は (a) 豊かな唇を持っていました。また，(b) 夢の中の女性が持つ陰唇があり，それには彼女が患者のペニスを取り込むべくなんらかの手段を講じていたフードのような突起物がついていました。路上での彼女との性的行為は，ある女性との性的行為を別の女性の前でしているという２つの夢を連想させるものでした。

夢の中での性的行為について語る中で，彼は「自慰する」という動詞を他動詞的に使うことに反対しました。「完全に間違っているように思える」と。

4. 次のテーマはフードでした。患者はフードから，洞窟や，洞窟上部の唇に似た突起物を連想しました。

5. さらに，患者は陰唇と唇から，直交方向や縦方向になっているもの，そして思い出せない冗談を連想します。患者はふたたび「フード」について考えました。

6. 次のテーマは，フードを経て，自動車のフードの生地へと向かいます。これは，ある男性の訛りのおかげで思い出されました。患者はこの訛りを真似しました。

7. このことから，患者は友人の見事な物真似，特にある男性の物真似を連想します。患者は自身の友人をめぐる「見せびらかし」を，自分の素晴らしいラジオセットの自慢とともに非難します。その友人の記憶力と，自分の悪いそれ（*bad one*）(今では彼も思い出しています)。

8. もう一度「フード」に戻り，患者は初めて乗った車のことを思い出します。その車には，ストラップで留める深紅の裏地のついたフードがありました。患者は車中で酔ったことと，さらに子どもの頃，列車の中でおしっこをしたことを思い出しました。

9. ストラップ付き「フード」から，患者は強迫的に革紐を切っていた子ども時代のある時期のことと，ある時姉のサンダルを切ったことを思い出しました。

10. ストラップから，患者は乳母車に縛り付けられている子どもを連想しました。患者は，自分にも乳母車があったはずだと推測しました。患者より上にふたりの子どもがいたのです。

11. 患者は，クラブの新入会員に入会許可のチケットを送っていないことを思い出しました。やるべきことをやらないままにしていたのです（He have left undone those things he should have done[12)]）。

12. ズボンの前ボタンをしないままにしておくこと（Leaving fly buttons undone）。

13. 「ボタンをするように」と言われている夢。

14. ふたたび，ストラップに戻り，患者は落ちないように，よくベッドに固定されていたと言われたことを思い出し，乳母車でも縛り付けられていたのではないかと考えます。

なにより重要なことは，夢の意味への決定的手がかりを見つけることです。分析家にはそれができます。夢が患者の脳裏に浮かんだ瞬間を押さえることによってです。患者は，犬が自分の足で自慰したという出来事を語っていました。その直前には，患者自身が犬を真似るという話をしていました。つまり，患者は犬に同一化していました。そこで彼は咳をしました。そして，夢を思い出します。長く，エキサイティングで，目覚めた時には体が火照って，汗をかいていたという夢です。夢全体の意味として，これは自慰ファンタジーであると推定されます。これが第1に重要なことです。この自慰ファンタジーに関連して次に押さえるべきことは，性的能力というテーマです。患者は，世界一周旅行をしています。これまで見た中で最も長い夢です。語るにはまる1時間を要するでしょう。患者が，世界に向けて放送される友人の物真似，あらゆる局を拾える自分のラジオについて「見せびらかし」たことを非難したことと関連づけてみてください。訛りが印象的だったという男の物

12）［訳注］シャープの引用ブレ。先の引用と異なり 'left' が入っている。

真似を患者自身がしたこと，それはきつい地方訛りでしたが，そのことに注目してください。ついでながら，患者はこの男について「肉屋をやっていたことがある」と言っていました。

物真似は，友人がするにせよ本人がするにせよ，この場合，より強い，もしくはよりよく知られた人物の模倣という意味を持っています。このことは，自慰ファンタジーの意味を読み解くさらなる手がかりでもあります。つまりファンタジーの中で，患者は巨大な力と性的能力を持ち合わせたある人物の物真似をしているわけです。

次の問いは，なぜそのような極限の力を巡るファンタジーなのか，です。答えは夢の中にあります。彼は世界を巡っています。このテーマと，夢の中のとても奇妙なフードについて描写している時に患者が思い出した現実の記憶は，同等のものだと言えるでしょう。なぜなら，彼が描写しているのが突起物やフードの折り目であっただけでなく，そのフードが洞窟の唇のような突起物でもあったことが明らかになったからです。ここから，フードと陰唇は，患者が母親と一緒によく訪れた丘の斜面にある大きな洞窟とまさに同等のものであることが分かります。したがって自慰ファンタジーは，巨大な性的能力と結びついたものなのです。なぜなら，患者は母なる大地を把握すること，そして，突き出した唇の下にある巨大な洞窟のような存在であることを夢見ているからです。これが，2番目に重要なことです。

次に，唇と陰唇に関する連想に注目してください。夢への刺激になった女性は，厚くて紅い情熱的な唇をしていました。夢の中で，患者は陰唇とフードの像を克明に見ています。洞窟には，垂れ下がった唇がありました。患者は陰唇のような縦方向のものについて考え，それから，直交方向のものを考えました。つまりそこでは，口が陰唇と同等のものと見なされていると，ここで指摘しておきたいと思います。

さらに，患者は初めて乗った車，その車のフード，車の内側にある深紅の裏地について連想します。そして突然，車のスピードのことを考え，「スピードの頂点」は時速何マイルにもなると言います。続いて「車の寿命」について語ってから，自分が車をまるで人のように語っていることに気づきます。

夢に出てきた陰唇とそのフードの像という事実からは，「赤い内部」の像や，突き出した唇，フードといった豊かな連想を考え合わせると，実際に母親と一緒に行なった洞窟の記憶というのが，隠蔽記憶としても機能していると推測されます。深紅の裏地のフードがついた車にも，同様にある忘れ去られた記憶が投影されており，またスピードの頂点というのは夢に出てきた性器の突起と同じ意味を持つものでもあるでしょう。つまりそれはフードの頂点なのです。そこからわたしが推測するのは，患者本人よりかなり年上の誰かの性器を現実に見た記憶が抑圧されているということと，まだとても小さかった頃にそれを見たのだということです。このように考えるのは，車と洞窟からでもあり，必要とされていた巨大な性的能力に結びつく世界一周からでもあります。頂点やフードはクリトリスであるとわたしは解釈します。患者の姉は8歳年上です。女友達の声，つまり音，訛り，ある男性の声の響き，さらにその女友達への言及が男性の物真似とのつながりによることを考慮して，わたしは患者が非常に幼い頃に姉の性器を見て，クリトリスに気づき，姉が排尿する音を聞いたのではないかと推論します。しかし，これまでこの患者と行なってきた分析の全てを参照すると，それに加えて，幼児期に非常にはっきりと母親の性器を見る機会があったのだと思います。どういう状況のことを言っているかというと，たとえば，赤ちゃんが床に敷いた毛布に寝かされている時に生じるような状況です。この患者は，絵を描く時，ある種の光の効果，下から照らすという採光を好みますが，これまでのところ，そういう採光の持つ特別な重要性を理解しうる説明はそれしかありません。夢の中の女性についてのもうひとつの手がかりは，彼女が浅黒いということです[13]。患者の現実における女性の好みは，ブロンド，金髪タイプです。患者はこれまでに何度か，母親は暗い色の髪であったと言ったことがあり，また

13）［訳注］シャープは分析家仲間に「ブラウニー・シャープ」と呼ばれる，目立って浅黒い肌をしていた。

女性の情熱を常に暗い色の髪に結びつけていました。

次に重要なことは，子ども時代の自慰の形跡が示されていることです。ボタンを留めるようにと言われている夢が想起されましたし，またその夢がベッドに固定されていた記憶に連なって出てきたという事実があります。ベッドから落ちるのを防ぐためと患者は言いました。これについては，他の分析から得られた素材と結びつけてみましょう。患者は，ベッドに固定されていたのは「とても落ち着きがなかった」ためだと言いました。また，患者は何度か，子どもにとって身動きが取れないようにされること，いかなる形であれ自由を奪われるということほど頭にくるものはないと言いました。しかし，なぜそれほどの確信をもってそう思うのかについては，一度として自由を制限された覚えがないせいで分からなかったのです。「ストラップ」や「ベッドに固定されている」といった言及から，患者にとって子ども時代の早い時期におけるなんらかの動きの制限が自慰と結びついており，こうした早期の自慰が，自慰ファンタジーの内容として，今日の夢と同じ性質を持つものであったと推論することは正しいでしょう。

では，さらに細かい部分を見ていきましょう。強迫衝動への言及が，二度なされています。一度目は「小さな」咳に関してで，これは，すまいと思うのにしてしまうという点で，患者にとってきわめて不快なものでした。二度目は，少年期の早い時期における，紐を切る，姉のサンダルを切ってしまうという強迫衝動について言及した時です。患者は嫌々ながら，この切断が強迫的に為されたことを認めました。このような強迫的な攻撃性への言及に関して注意すべき点は，その言及がなされた時の流れです。つまりストラップ，乳母車のストラップ，乳母車があったと思うことの拒否，それから，乳母車はあったに違いない，自分より前に他にも子どもたちがいたのだと考え，最後にクラブの新入会員ふたりに入会許可証を送るのを忘れていたことを思い出します。このような流れから，患者にもあったに違いない乳母車の存在や，患者が言ったように「他にも子どもたちがいた」のを思い出すのが難しかったのは，母親に自分よりあとに他の子どもを持ってほしくないと患者が望んでいたからであり，さらに「切ること」に示される早期の攻撃性が，間違いなく到来しうる憎むべきライバルに対するものであったからだという解釈が正当であることが分かります。このようなファンタジーは，今なお新しいメンバーへの入会許可証を怠ることに表れています。子ども時代のファンタジーは，新しいメンバーを切ってしまうこと，あるいは，切って取り出してしまうことだったのです。

さらに推論を巡らすこともできます。患者は入会許可証を送るのを忘れていたことを言及した直後に,「やらねばならぬことをやらぬがままにして（We have left undone those things we ought to have done[14)]）」と言い，ごく最近，とても日常では考えられない出来事があったことを思い出しました。つまりズボンの前ボタンを閉め忘れたということです。ペニスを見せたいという無意識の欲望が「忘れること」のうちに暗に示されているわけですが，初めに切ることによる攻撃があり，次に許可証を送らないことがある，という言及の流れのうちに置いてみると，無意識においてペニスが攻撃というファンタジーと結びついていることが分かります。このようなペニスが関連した攻撃的ファンタジーは，自慰だけでなく，おねしょとも結びついています。なぜならベッドに固定されることになった原因として言及された落ち着きのなさは，以前に何度か，おねしょとの関係で触れられていたからです。ズボンの前ボタンをしないでおくことへの言及から，患者がある父親的な人物にボタンをするように忠告された夢を思い出したことに注目してください。

このことからさらなる推論が導かれます。咳について語っている中で最初に連想したのは，恋人ふたりに自分が近づいているのを知らせるということでした。患者は，兄が女友達と一緒にいた時，そうやって知らせたことを思い出します。このように知らせることによって，弟が部屋に入るまでに何がもたらされるかは明らかです。恋人達はある程度の距離を取るでしょう。患者は，咳によってふたりを引き離すのです。患者の言葉を借りるなら，「そ

14）［訳注］再度シャープの引用ブレ。ここでも 'left' が入っている。

うすれば，わたしが入って行っても，きまり悪くはなりませんから」。ここからも，人を困惑させるまいとする極端な気遣いを巡るわたしの推測が正しいことが分かります。少し前のこと，患者は，国王と王妃が列席したある催しに出ました。患者は車でロンドンに向かっていましたが，そのせいで不安が増し，しばらくの間，その不安がどのようなファンタジーによって生じているのか分かりませんでした。それは，こういうことだったのです。「どこに車を駐めるかはっきりしていなかったとして，国王と王妃が到着しようというまさにその瞬間，自分の車が道を塞いで動きがとれなくなってしまい，国王と王妃の進路を遮ることになったら，ものすごくきまり悪いことになります」。

つまり部屋に入る前の控えめな咳は，ある幼児期の状況のおぼろで弱められた表現なのです。それは思慮によってではなく，また動きがとれなくなることによってでもなく，突然の排便によって，あるいは泣き声によって，国王と王妃の進路を遮ったという状況であり，実際，目的は達成されたのだと考えられます。

この夢のある特徴，すなわち，ある女性が患者のペニスを体に入れようとしていると思ったという突起物については，次のような踏み込んだ解釈もできるでしょう。つまり，すでに裏付けられた攻撃的ファンタジーに照らしてみると，その女性の性器は患者に対して攻撃的なものであるだろうという解釈です。実際に危険だとされているのが，(1) ペニスと等価なものである突起物，(2) 膣，であることに注目してください。患者は自分のペニスを膣に預けようとはせず，指を入れるのです。さらに口と膣は，「垂れ下がる唇」という連想や縦方向と直交方向の開口部への言及を通じて，同じものと見なされています。したがって，ここには膣が歯を持つ口のようであるというファンタジーが存在していることになります。

これ以上の解釈は憶測の域を出ないものです。今お話ししてきた具体的な解釈は，分析時間中に出てきた素材から直接生じたものです。それは，直接の連想によってであったり，思考を流れの中に位置づけることに注目することによってであったり，この時間中に出てきた連想を別の回に出てきていたものに結びつけたりすることによってでした。

こうすることで，語られたことの全てに，十全な意味を与えることができるでしょう。

患者に対しては，今述べてきたような解釈を行なってはいません。全ての解釈の中から，抑圧されている素材を意識化することに役立たせるという意味で最も重要なものを選択しなければなりませんでした。選択基準は，患者にとっての必要性，つまり攻撃的な振る舞いをすることへの恐怖にあります。最初に選んだのは咳です。わたしが咳を選んだのは，それが分析時間中になされた，強迫的性格の転移における直接的な表れであって，なんらかのかたちで，抑圧されている子ども時代の強迫的な攻撃的行為に結びつけられるものだからです。

わたしは患者が二度にわたって「小さな」という言葉で咳を形容したことに触れて，「小さな」という言葉を使って，咳を巡るファンタジーを軽んじようとしていると言いました。その上で，限定的な意味で夢に言及しました。この夢が全体として，いかに巨大な力を，偉大な性的能力を示そうとしているかを指摘しました。

次に，恋人を引き離すことに直接言及する中で，咳の目的へと患者の注意を向け，この種のファンタジーが，今まさに無意識的にわたしと結びつけられているにちがいないと言いました。患者は，長い話で退屈はさせませんよと言っていました。それからわたしは，「国王と王妃」の件に触れ，その全能的ファンタジーが，患者が現実に両親を止める，もしくは遮ることのできた幼年期の早い時期に根ざしたものであることを推定しました。

このあと，わたしはここでなされた連想を攻撃性に関連づけて，患者がこれ以上子どもが生まれるのを妨げたいと望んでいたと推定しました。そして，実際に患者のあとには子どもが生まれていないという事実によって，全能感による攻撃的ファンタジーは強化され，復讐する人物としての母親への恐怖がいっそう募ったのです。さらに，患者が現実に母親の性器を目撃し，そこに復讐ファンタジーを投影したということ，また，その復讐ファンタジーが，嚙み付くものかつ退屈なものでもある自分のペニスや自分の尿の力とかかわる攻撃的ファンタジーと結びついているというわたしの確信をはっきり述べました。わたしが述べたことはどれも，夢が表現しているような自慰の意味なのです。

では，ごく簡単に，この回に続く2回の分析で特に目立った特徴を述べておきましょう。

翌日，患者は，階段を上がる途中で咳はしませんでしたが，軽い疝痛がしたと言いました。このことから，子どもの頃に生じた下痢の発作と，疝痛が極めて頻繁に爆発的なおならをともなうことを考え，「ひょっとして，咳というのは，実はおならと下痢のことなのでしょうか？」と言いました。「自分で意味を見つけましたね」とわたしは答えました。患者はこの時間中ずっと，テニスで対戦相手を追いつめるショットを打つのが難しいということに気をとられていました。

次の日，患者は前日家を出る時に疝痛がしていたことを告げました。続いて，ある修理作業が終わっていないために車が使えなかったと言いました。修理屋はとてもよい人で，とても親切だ，だから腹を立てるわけにもいかない。でも車は欲しかった。今，まさに車が必要というわけではない。必要ではないけれど欲しい，好きだから，と。

この時点で，わたしは，親切で，人もよく，腹を立てようがない修理屋と，患者の父親を比較しました。するとそれを受けて，患者は，それはまさに記憶の中の父親に対する自分の感情を表していると言いました。ここでついに，わたしはリビドー的欲望（libidinal wishes）を扱うことができたのです。「車が必要ではないけれど欲しい」と。わたしはこのような解釈の機会を長いこと待っていました。そしてついにリビドー的欲望（libidinal desire）が口にされたのです。その翌日，患者には告白すべきことがありました。幼い子どもだった頃以来，はじめておねしょをしたのです。

つまり，この3回の分析の中では，身体的な表れ（bodily manifestations）

が，順に，咳，疝痛，本当のおねしょ，というかたちでありました。そして最後のおねしょによって，幼児期における父親とのライバル状況への，最初の本格的な接触がもたらされたのです。

その時間中，わたしは確信を持って，父親転移が分析において明示的であることと，幼児期に身体という仕方で表現されていた父親に対する攻撃的なライバルファンタジーとに言及することができました。

１箇所，聞き込む機会を逸したところがありました。この患者の場合，わたしは先を促す以上の介入はしないようにしているのですが，それでもこれは手抜かりでした。夢における「チェコスロバキア」という要素のことです。

最後に，なぜわたしがほとんど口を挟まず，まれに質問するだけで，それもおよそ単音節的質問しかしないのか，お分かりいただきたいと思います。その理由は，患者の夢や発言に示されています。「その女性が主導権を取りました。女性が主導権を握ってくれると，わたしとしては非常に助かるのです」という発言ですが，これは患者の幼年期の攻撃性という問題が，再度棚上げされてしまうことを意味します。この患者への援助としては，その種の機会に際して，こちらができる限り患者に主導権を握らせることが必要なのです。

この夢のあと，明らかに父親的な人物が登場する夢が２つ続きました。そしてこの分析の次の週のある日，テニスコートで患者を負かした対戦相手が，下手なプレイだったとからかい始めました。患者は相手の首をとらえて，ふざけて首を絞めるようにし，二度とからかってくれるなと警告したのです。冗談めかしてであれなんであれ，患者が男性に触れることができたのは思春期以来それが初めてで，ましてや自分の身体的な強さを示すことなど，とてもありえないことだったのです。[15]

15）［訳注］この展開をめぐって，シャープとラカンのスタンスの違いが明確になる。訳者解説参照。

第6章　夢分析の諸問題[1)]

1. 抑圧された記憶を意識にもたらす夢に先行する特徴的な情動
2.(a) 抑圧された記憶を実体化した夢，(b) ファンタジーを実体化した夢
3. 夢をもたらした刺激を知ることの価値——(a) 分析の外で，(b) 分析の中で

この章では，夢分析にかかわるさまざまの問題を扱いたいと思います。

抑圧された無意識的葛藤は以下のようなものと考えられるでしょう。(1) 乳児期の愛の衝動や，わたしたちのもつ憎悪の衝動に刺激されてやりたかったのだけれども，現実には行なえず，行なわなかったことに関する葛藤。(2) 子ども時代に生じた災難（disasters）で，憎悪の衝動のために無意識的に乳児期の全能感に帰されている，たとえば両親やきょうだいの死，病気，不運な出来事などに関する葛藤。(3) 知識を欠いていたがために災難になったけれども現実にはそうではない，たとえば女性性器や月経のようなことに関わる葛藤。こうした自然現象は，乳児の攻撃性にかかわる罪悪感のために災難と捉えられることがあります。(4) 過去に実際に行なったことに関する葛藤。乳児期の愛や憎悪に織り成されているがために，現実には大半が無害なものである子ども時代の活動が，前述の色々なタイプのあらゆる災難に，ファンタジーにおけるものも現実のものも，結び付いてしまうということです。わたしは患者のポジティブな経験に重きを置く傾向があります。たとえば，あ

1)［訳注］この章題もあまり説明になっていないが，シャープはここで，「反復」をキーワードに，現実における（夢，転移，行動，症状などのかたちでの）ファンタジーの再演がいかに見出され，いかに解釈を通じて無害化され解消されうるかを示しており，つまり，フロイトの死後，クラインとアナ・フロイトの「論争」で問われた精神分析における現実とファンタジーの問題を扱っている。

らゆる種類の痛みや快感といった身体感覚や，内的・外的刺激への反応として現実に起こったことです。抑圧されている実在の経験に，まずはファンタジーを経由してアプローチしないといけないということもあります。そういう時もあれば，そうでない時もあるのです。分析家は素材が出てくれば受け取らなければなりません。しかし，大人の患者が現実において働くことを制止する乳児的全能ファンタジーであってすら，その道具立ては，あるファンタジーが根ざしている乳児期の具体的な状況に属しており，それは大人としての現実に一度としてさらされたことがないものなのです。わたしが言いたいのは，たとえば，乳児もときとして現実に両親を引き離し，自分の目先の目的のために親をコントロールすることができるということです。

無意識における全能ファンタジーは，現実生活において優れた仕事を成し遂げるのに必要な推進力ではありますが，ここで問題にしているのは，生きるエネルギーの邪魔をして削いでしまう全能への恐怖です。先のようなケースなら，両親を引き離すというファンタジーだけでなく，そのための具体的な基盤，たとえばおねしょや叫び声など，現実に引き離すことに成功したものを探し出すというのが，究極的に目指すところになります。そういう時に，親が自身の心理的な反応の結果としてとった行動が，子どもの全能的生活に対する恐怖を強めたり弱めたりする環境要因になるわけです。わたしの場合は，子どもみずからの感覚の行使や，子どもの感覚的経験，子どもの活動，そして，それらと，まだ現実が曖昧だった時期に構成されたファンタジーとの相関を探すことが常になっているようです。

ファンタジーと現実は，具体的な心理的瞬間をとってみれば経験の総体の2つの相をなしているので，真実まるごと（the whole truth）を知りたければ，どちらもないがしろにはできません。

さて，夢を分析する中で分析時間中に得られる最大の収穫は，子ども時代の1つのファンタジーかもしれません。が，それを得たにせよ，そこには単に部分的な価値しかないとみなすことになります。分析家は，実際になされた連想の中に，現実の状況への参照項を持つことになります。夢を見る刺激になったものは，今日の日常における現実の刺激だということは銘記しておく価値のあることで，それが，内的刺激だけでなく外的刺激もともなって人生が始まった最初期の乳児期の状況と共鳴しているわけです。分析時間がおもにある夢を通じてのファンタジーの想起やファンタジーの解明で占められるとすれば，そこでわたしが心に留めておくべきは，そのファンタジーがどこでどのように実在の抑圧されている状況に結びついているのか，また，それが転移という道具立ての中でどのように再演されているのかという未解決の問題です。

では，抑圧されていた情動的記憶が意識に戻ってくる具体例を見てみましょう。

ある患者が〈**巨大な遠洋定期船がドックに入っていて，その隣には飛行船があるのを見た**〉[2]という夢を語りました。彼女はカウチに横になっている時は暖炉の前の敷物が巨大なものに見えたのに，立って見下ろしたら思っていたより小さかったと言います。患者はその分析時間中，船と三角形の頂点の１つが接している商標を思い出します。船の下に三角形があって，角は上を向いており，船に触れているというものです。彼女は「三角形と船の関連が見いだせません（I see no point of connection between the triangle and the ship.）」と言いました。わたしは，夢では船と飛行船を隣り合わせにしていたので，船と飛行船は接触していなかったけれども，現実の商標では接触していた点を指摘しました。願望充足という解釈もまた可能ではありました。というのも，夢では２つの「象徴」を隣り合わせに並べた一方，現実にはそれらが接触していたからです。「ああ，そうですね」と患者はとても明るい調子で言いました。同意したのです。「わたしの精神が巧みにそうしたのでしょう」と。

こういう回は予備的なものです。彼女が現に船と三角形の角が接しているのを商標で見たという事実をわたしは心に留めておきます。そういう商標を見たからといって，彼女が両親の性交を目撃しているなどと言うのは野蛮な分析家だけです。とはいえ，彼女の夢は，現実の商標が肯定していることを否定し

2）［訳注］*"She saw a huge ocean liner in dock and by the side of it was a huge airship."*

ています。そこから言えるのは，患者が強烈に現実に気を取られているからこそ，患者の現実の否定に気づいておかなくてはならないということです。

1週間後の分析的状況はまったく対照的でした。患者は疲れた様子でカウチに横たわっていました。彼女はひどい疲労を訴えます。もう何日も疲れを感じているのに，その理由を思いつかないでいたのです。実際は普段より早く寝ているのにです。彼女は生理中でしたが，生理が「こんなトラブルを起こしたことはいまだかつてありません。生理はいつも面倒ですけど，この2か月のようにノックアウトされるように感じたことはないです。以前はいつも遅れてきていたのに，今はいつもきちんと来るんですけど，規則正しくなってみるとよけいいやになるし，わたしは使い物になりません」。彼女はいつになくぐったりと横になっています。彼女は翌日の晩，夕食に出かけることをぼんやりと考えます。ボタンをもてあそんで，そこで翌日の夜着るつもりのコートのボタンが取れていたことを思い出しました。Xさんはもしボタンの取れたコートを着ていたら，よくは思わないだろう。彼自身は非の打ちどころがない。患者の声はどんどん遅くなってゆき，欠伸をし，伸びをして溜息をつき，とうとう動かなくなり，疲労を絵に描いたようです。しばらくわたしは何もいいませんでした。彼女は小さな空咳をしました。風邪や喉の炎症や声嗄れとは関係がないとよくわかる咳でした。何度も彼女は咳をしました。わたしはその静止状態に水をささないように「今日は難しいようですね」と言ってみました。「お話することをなにも思いつけません。どんなにぐったりしているかだけです」と彼女は答えます。わたしは「こんな時は夢も忘れられてしまうかもしれませんね」と言いました。するとこの発言に続いて彼女は激しく咳き込みました。それがようやくおさまると，彼女は言います。「どうしてですか，覚えてますよ，夢は見ました。思い出せないだけです。とても短かったんです。〈**田舎にいるみたいでした。草地と漆喰の建物がありました。それはすごく高くて**（lofty）[3]，**わたしは中にいました，上**

3）［訳注］夢の原文中の形容詞 'lofty' は「非常に高い」の意味だが，名詞の 'loft' には「納

の階だと思います。へんなところで，まるでフロアーの真ん中に穴があるかもしれないみたいでした〉[4]」。

時間はまだ20分残っていました。その20分の間，患者は事実上，どの文をはじめるにも，その前に必ず咳をしました。20分の作業の要点はこうです。大きな建物は，彼女が幼い少女として休暇を過ごした田舎にある現実の建物だとわかりました。彼女は果樹園で近所の男の子とリンゴをもいだことを思い出します。そこでもうひとり別の男の子との小競り合いがありました。罪悪感を感じているふたりは，その高い建物に逃げ込み，長い間そこにいたのです。患者ははげしく咳き込みました。それから「自分の手を男の子のズボンの中に入れたのは覚えてるんですけど，ペニスに触ったかどうかは思い出せません。それから男の子がわたしの服の下に手を入れ，わたしの下着に触りました，あの，小さな女の子が着るような下着（stays）のことです。『いくつボタンがあるの？　それってなんのため？』と男の子が言い，わたしはとても恥ずかしく思ったんです」。

そこで，わたしは助けに入りました。彼女に嘘をつく危険をみすみす冒してほしくありませんでしたし，ついに抵抗に打ち勝ったという勝利をみすみす逃してほしくもなかったので。わたしは高い（lofty）建物の「漆喰（whitewash）[5]」を思い出しました。1週間前の船と飛行船の夢や，商標についての否定を思い出しました。「その間に接触はなかったのです」と。彼女が自分の人生の現実を締め出しているかぎり，両親の間にいかなる「接触」があったとも信じないだろうとわたしは考え，次のように言いました。「最近お疲れだったのは，この記憶をめぐって葛藤があったからです。この記憶は思い出されようとがんばっていたのですが，あなたの中のこれを糾弾する

屋などの2階」の意味があり，標準的な用法ではないが，その形容詞形ともとれる。

4）［訳注］*"I seemed to be in the country. There was grass and a whitewashed building. It was very lofty and I was in it, upstairs I think, a funny place and as if there might be a hole in the middle of the floor."*

5）［訳注］「体裁のいいごまかし」やそうした行為としての意味もある。

部分が押しもどしていたのです。その闘争にエネルギーを使い果たしていたんですね」。わたしは分析時間中に彼女がボタンについて言ったことを指摘しました。もしボタンが欠けていたらX氏はよく思わないだろうということもです。彼はあまりにも完璧で非の打ちどころがないのだと。わたしは（ことが確かでない場合，憶測を述べることも躊躇しないのですが）憶測を含まず，次のように言いました。「いつか必ず，この記憶から抜けおちている部分をすっかり埋めることができますよ。あなたが男の子のペニスに触り，男の子はあなたの陰部に触ったという証拠があります」。彼女は用心深げにききました。「夢からわかるんですか？」，「だってロフトのフロアーの中央に穴があったとおっしゃったでしょう」，「ロフトには必ずあるものです」，「小さな女の子にもです。なにかの理由であなたはボタンのことしか考えられないのです」。分析時間の終わりにわたしは月経の件に触れ，ファンタジーの中では出血の原因がこの事件といまだ知られていない他の事件と双方とに関係づけられていると思うと言いました。

この回は，実在の記憶が意識にのぼってこようと苦労している時の典型的な徴候が多く示されています。「船と飛行船」の夢のあと，2，3日なに1つ重要なことが出てこない分析が続き，明らかに抵抗が高まりつつあったその間，わたしは機会を待つばかりでした。そして身体的疲労が，次いで咳があらわれ，さらにさっきお話した時は省略しましたが，問題の夢を語っている最中，患者は突然，目が痛んでぴりぴりしたのです。

翌日，患者はかつてないほど元気でした。体への影響が消え，同時に抑鬱感もなくなっていました。この出来事はこの患者にとっては典型的なものです。抑圧された記憶が意識にのぼってこようとしている時はそれとわかるのですが，それが彼女の場合だけとは思いません。分析中，疲労，無関心，当然のことが思い出せない，話すことが見つからないといった無気力な時期が現れると，それが情動的記憶が夢や意識にのぼってこようとするあがきの前兆になっていると再三再四気づかされるのです。覚えておくとたいへん便利なのは，こういった抵抗の時期には，精神内での闘争がエネルギーを吸い取ってしまうということ，そしてその際，時間というファクターが考慮されねばならないということ，さらにその時間的ファクターは患者によって異なるということです。

意識にのぼってくるファンタジーと現実の記憶はどうやって区別するのかと聞かれたことがありますが，その区別に悩む必要があるでしょうか[6)]。もしファンタジーを，つまり無意識的願望を手に入れたのなら，それはすなわち状況の力動がつかめたということではないでしょうか。もちろん力動的ファンタジーであって絶対に現実ではありえないというものもありますが，それでもなお力動的であるかぎり，最もファンタジー的なものも，ある種の感覚的経験（sense experience）に結びついているとわたしは考えます。分析が進むにつれて，わたしはいつもファンタジーの現実的基盤を見いだす努力をするわけですが，その際，転移が現在と過ぎ去った幼児期の状況とを結ぶリンクを提供してくれます。効果的な情動の解放は，このように可能になるのです。では，自分が聞いているのがファンタジーなのか（実在の）記憶の前触れなのか，わたしなりの見分け方をご紹介します。

ある患者が〈**庭を囲む壁についたドア**〉[7)] の夢を見ました。彼女は記憶に残っている庭に，実際，ドアがあったことを思い出します。その記憶から，この患者は庭師が自分に裸を見せるというファンタジーを構成するに及びました。さて，これはファンタジーなのかもしれません。もし単にファンタジーだとしたら，それは願望を上演したものということです。あるいはこれは現実の記憶なのかもしれません。でも患者自身はそういうシーンを思い出すことはできません。さて，これがもし抑圧された記憶であって，徐々に意識に近づいてきているのなら，この庭やドアは必ず繰り返し繰り返し夢や連想の中にあらわれます。あらわれる間隔はかなり間遠かもしれません。しかしもしこれがその場所をめぐる抑圧された現実の記憶なら，それは不可避的に再度あらわれるでしょう。

6）［訳注］次項の〈**まるいものを見つける夢**〉に関する訳注10にもかかわる。

7）［訳注］*“a door in a garden wall”*

「庭を囲む壁についたドア」というテーマが繰り返されないとすれば，「裸を見せる庭師」はファンタジーだったと結論づけることになるでしょう。しかしそれでも，このファンタジーの元になった現実はなんだったのか，わたしは見いだそうとするでしょう。これを以下の諸例における判断基準と比較してみてください。ふたりの患者が12か月の間に「砂」の夢を何度か見ました。夢はいずれの場合もある男のペニスを見る，尿を我慢できないという考えをもたらすものでしたが，いかなる現実の記憶も現れませんでした。それでもこの夢が繰り返されるということ，それも常に同一の心理的内容をともなって繰り返されるということ自体が，現実の出来事の記憶が抑圧されているのだという結論へとわたしを導いたのです。夢は解決が得られるまで，同じテーマを何度も何度も主張するものなのです[8)]。

もう1つ，抑圧された記憶情報の証拠物件を見てみましょう。〈**ある患者が，枕の下にあるまるいものを見つける夢を見ました**〉[9)]。連想の結果，患者は，それは「内側は赤く，外側が白い」と言います。この患者は不安状態にありました。彼女は自分の状態を「忌まわしい（bloody）」と表現します。この回の作業の結果，最終的に彼女は丸めた生理用ナプキンに触ったことがあり，そこで見たものに恐怖したとのだと思うとわたしは告げました。患者は満足しませんでした。「どうしてこれが記憶だとおっしゃるんですか。あれとこれは記憶かもしれないけど，こっちはそうじゃないだろうとか思えるのはなんでなんですか？　どうしてこれはそうだとおっしゃるんですか」[10)]。

8）［訳注］国際精神分析学会誌掲載のシャープの追悼記事に，シルビア・ペインは「エラ・シャープの精神分析への関心のありようをたどってみると，初期には無意識的なファンタジーに焦点がおかれ，後年，乳幼児期の経験が人生のさまざまな段階で反復されることを特別の明敏さで見ていたことがわかり，非常に興味深い」と記している（Payne 1947）。

9）［訳注］“A *patient dreamt of finding a round object under a pillow.*”

10）［訳注］シャープに教育分析を受けたマーガレット・リトルは「逆転移」に関する論文でシャープの分析を批判し（Little 1951）シャープもリトルの分析について1943年の‘Cautionary Tales’に書いている），シャープとの分析では，現実を語るとそれはファンこれが記憶だとわたしが確信している理由は，この場合，夢が何度も繰り返されたからではありません。かつて彼女が生理用ナプキンを固定することを拒み，テープで体に留めるのを嫌っていたからです。その結果，ナプキンが落下するという危険が生じ，現にこのリスクは実現を見て，一度落下したことがあったのです。彼女は他人を恐怖させるものを落ちるにまかせたわけです，というのもかつて自身がそれに恐怖したことがあったからです。

よくあるのは，患者が分析時間の最初に，不安，激情的な怒り，非難，批判や自己批判などを爆発させ，それに関する問題は，あとで時間中に語られる夢によってはじめて明らかになるというパターンです。わたしが今，お話しているのは，明るみに出されつつある問題について知っているから，やがて起こると断言しうる不安のことではありません。わたしが言っているのは，抑圧されている情動的出来事や状況全体への到達のことです。それはすでに抵抗に関してなされた分析的作業のおかげで，意識の間近まで来ているのですが，記憶に関する限り，まずは情動から先に出てくるのです。夢が語られ，激しい怒りや絶望を喚起した出来事の記憶が蘇ってみると，分析家に対して噴き出した不安や放出された怒りは，実際にあった事件にまつわる情動が，分析中，現在に蘇ったものだったとわかるのです。自発性の非常に強い患者の場合，まずは感じてそれから考えたり思い出したりするのですが，患者が幼児期に現実にあった情動的事件を思い出す途中，しばらくの間，分析家が，問題の情動的事件にかかわる子ども時代の実在の人物でないと思うことが非常に難しくなるのです。ここでみなさんに注目していただこうとしているのは，そういう夢のことです。大規模な不安の噴出が分析時間の最初に起こり，それが前の回にやった分析作業からの自然な流れではない場合，それは，(1) 現在のなにかしらの刺激が不安を増大させているが，その件についてまだ分析家に語っていない，もしくは，(2) ある過去の出来事がアクセス可能にな

タジーだと言われ，ファンタジーを語ると現実に逃避すると言われたと述べている (Little 1990)。

り，いまだ語られていない夢の中にすでに存在しているということを意味します。

今，申しあげているのは（幼児期）初期レベルのファンタジーや現実の経験について現在進行形で徹底操作が行なわれつつあるといった長期化した不安状態のことではなく，発作的・反復的な不安の爆発のことです。

実際の原光景や幼児期最初期の出来事というのは再構成されるもので，夢や連想や転移や外的世界における情動や行動が明確な解釈を可能にする証拠を積みあげてはじめて，正当な根拠をもつのです。しかし4，5歳以前の情動的記憶もまた，しばしば，夢の素材やファンタジーや感情転移から再構成されねばならないということにわたしは気づきました。以降ももちろん記憶は抑圧されますが，ひとたび記憶が蘇れば，出来事がまるごと思い出されることが多いのです。わたしがここで問題にしているのは，次のようなタイプの再構成です。患者の夢の中で「砂」が何度も何度も現れます。そしてある時期になって，彼女の夢が「階段」を持ち出したということに気づきます。さらに今度は「車輪」が続きます。さて，これらの要素はみな，各々が現れた分析時間中，象徴的にであれ現実の道具立てとしてであれ，ちゃんと正当性を持っていました。しかし，砂，階段，車輪という要素が1つに結びつく日が来たわけです。つまり海水浴用の移動更衣車（a bathing van）[11]としてです。そうなってはじめて，その更衣車に関して抑圧された現実の出来事があったのだと断言できるわけです。

ではファンタジー特有の夢を2，3，ご紹介しましょう。ある患者が夢の中で〈**頭を垂れ腕を胸の前で組んだ状態で，舗装された田舎道を渡っていた。静かな高揚感に満たされて，そっと「わたしは慈悲深く我々みなの母となりたもう」とひとりごちた**〉[12]という夢をみました。これは聖母ファンタジー

11）［訳注］たとえばジェームズ・アンソールの1876年の「海辺の脱衣小屋」はこれを描いている。

12）［訳注］*“she was crossing a paved courtyard with her head bowed and her arms crossed over her breast. She was filled with a spirit of quiet exaltation and said softly to herself: “I will*

です[13)]。夢を見た人は，神の母であって，ヨゼフの妻ではないという条件であればこそ，「慈悲深くなりたもう」のです。

次の例です。〈**ある患者は，自分が子どもで，広壮な屋敷の回廊をゆっくり歩いている夢を見ました。彼女は偉大な英雄が戦争から帰還したと聞いていました。英雄は多くの部屋のうちの１室で，彼女のベッドにいます。彼女はドアの掛け金をちょっとだけもちあげ，部屋の中をのぞき込みます。王宮のような部屋の反対の端にベッドがあります。英雄がベッドに座っているのが見えました。とても美しく高貴に見えます。彼女は近づかずにはいられず，ゆっくり静かにそっと部屋を横切りベッドの端までゆき，ベッドの柵越しに憧れをもって英雄をじっと見つめます**〉[14)]。

このファンタジーの実在の道具立ての発見は可能でしょう。英雄的人物，王宮のような部屋，高貴な未知の人を家に泊めるというテーマは，子ども時代に見聞きした映画や本に辿ることができました。この夢の子どもは，正常なエディプス・コンプレックスの完璧な映像化を行なっています。

もう１つ。〈**夢の中で，患者はある部屋で魔法使いと向き合って立っていた**〉[15)]。この魔法使いは，子ども向きのおとぎばなしへと遡れました。分析の中で，わたしは魔法使いの詳細な描写を得ましたが，夢の魔法使いは細部にいたるまでことごとく，本に出てきた魔法使いの実写版になっていたのです。夢の魔法使いは脅すような態度で患者に言います。「魔法使いは常に王子の敵であった，その王子がついに彼を殺すのだ」。

---

graciously deign to be the mother of us all.""

13）［訳注］わずかに遡ってビクトリア朝には聖母信仰が流行した。

14）［訳注］*"The patient dreamt she was a child walking slowly along a corridor in a great mansion. She had heard a great hero had returned from the wars. He was in her bed in one of the rooms. She slightly lifted up the latch of the door and peeped into the room, a palatial room in which the bed was at the far end. She could see the hero sitting up in bed looking very fine and noble. She must get nearer, and slowly and quietly she tiptoed across the room until she stood at the end of the bed and gazed through the bars at him with adoration."*

15）［訳注］*"The patient in the dream was standing in a room face to face with a wizard."*

このファンタジーの意味するところは象徴の観点からも充分明らかですが，夢の前日に実際にあったことを患者が話してくれるまで，価値のある解釈をすることはできませんでした。夢への刺激になったものが夢の意味だったのです。患者は妻がベッドに入るのに手を貸していました。寝間着の裾がめくれあがり，患者は直してあげたのですが，不意に衝動にかられてその裾をめくりあげ，妻の上にかがみ込んでおどけた調子で「やあ，ボウギー（bogy）[16]」と言ったのです。

患者はこの件を分析時間の最後になって思い出しました。わたしが「ボウギー」という語を質問調で繰り返すと，患者は言いました。「いや，そのことは，その後，まったく考えなかったのですが，もちろんボウギーといえば幽霊，お化けです。そういうと父のことを思い出します。部屋にいる魔法使いの夢というのはそれでしょう」。

ここでもう１つ，夢分析にあたって考えるに値する点，今日の現実からの刺激が問題になります。わたしは，ある刺激が夢と無関係かどうかを非常に気にします。それは現実においてはとるに足らない，意識的注意を払ったりしないようなことかもしれません。しかしそれでもそれが刺激になりうるのは，心理的重要性によるのです。夢の刺激がなんだったのか，明らかにならないことも数え切れないほどありますが，明らかになれば，夢を解明するうえできわめて役に立つとわたしは思います。今，申しあげた例について，患者が突然「やあ，ボウギー」と言いたい衝動にかられたと言ってからの解釈が持ちえた活力と説得力を考えてみてください。

また，次のような例でも，夢への刺激になったものが，突然，分析作業を生き生きしたものにしています。患者は〈**動物園にいる夢**〉を見，〈**「なにか食事に関することがありました」**〉[17]。彼女は自然な展開で子どもの頃に動物

16）［訳注］'bogy' には，「お化け，つきまとうもの，脅かす［悩ます］もの」などの意味がある。

17）［訳注］*"dreamt she was at the Zoo, and "there was something about a meal.""*

園に行ったこと，動物がエサを与えられているのを見たことを思い出します。エサを与えられる動物を見るのが許されないこともありました。母親が見たりやったりさせなかったことがたくさんあったのです。患者は子どもの頃，なにかにつけて禁止する母親のせいで「許されなかったこと」を数え上げるのにずいぶん時間を使って，それが終わると急に言います。「で，ゾウはどうだったかしら。ゾウは見たんだったかしら。乗ったかしら」。それから間があり，そして彼女は言いました。「昨日の夜，ホースを振り回して，すごくおもしろかったんです。やりたいをことやって，飛ばしたいところに水を飛ばして，最後はホースから水を飲みました」。

この生き生きとした現実の刺激の中に夢の意味はあったのです。怖い母親が元気で反逆的な子どもの姿にとって代わられるのです。ファンタジーがどうこう言うまでもなく，この前夜の遊びがドラマ化されていたのです。

現在の生活からの刺激と夢（の関係）は，過去においての刺激と外界への初期反応と比べることができるかもしれません。典型的な例として，分析時間の最初に機嫌がよくないと言い，続いてラウンジのいつもの席がとられていて，いつもの時間に朝のお茶が出てこなかったと一連の悲嘆を訴える患者について考えてみしょう。こういうタイプの夢への刺激なら探す必要はありません。こういうのはすぐ明らかになるからです。というのも，憤慨が他者に端を発しているからです。しかし，わけのわからない夢や取りつく島のない分析時間の多くは，ひとたび患者が自ら意識的・無意識的に憤慨の種になっていたり，なりたがっていたりする今日の出来事に関わる刺激が見いだされれば，はっきりするとわたしは思います。今日的刺激や行為や願望が抑圧されるのは，抑圧されている願望や行為や情動が，まだ当人に認識されておらず，認められないままでいるからなのです。

ここではひたすら分析の外部から与えられる刺激に話を限定しています。というのも，患者が心理的全体性をもって生き，1つの個体として行動し反応している場とは外界だからです。だからこそ，外的刺激が重要なのです。外的刺激を見いだすことによって，分析家は分析の場に，今日の現実におけるそれら情動的状況や，無意識の問題の結果である生活上の困難をもたらしうるのです。

分析自体も，ある意味，夢への恒常的な刺激になっています。ときには分析によって喚起された具体的な素材が刺激になるでしょうし，ときには分析家が刺激となります。通常，この種の刺激のほうが，外的刺激を見いだすよりも簡単です。分析が夢への刺激になった例を１つご紹介しましょう。患者の見た夢は〈**十字架が影を投げかけている聖なる女性がいました**〉[18]というものです。この夢が語られてから，退屈で平穏無事な分析が半時間も続きました。患者は「宗教的」になりたいという願望を語り，黙想用施設（houses of retreat）を訪ねることについて話しました。そして長い間をおいて突然，言ったのです。「ずっと，この部屋の奥の端にあるフランス窓を見ていたんです。昨日もそうで，昨日やったことをまたずっとやっていたんです。とても不思議です。あの窓は光でいっぱいで，真ん中の桟と，上のほうにある十字になったところがすごく濃い色です。でも，目を瞑ると光だったところが今度は暗くなって，木の部分がみんな明るい光になって十字架になるんです。まるで目の中に十字架があるみたいで，とても不思議です，だって外にあるとすごく大きいのに，それでも目の中に全体が入るんですから」。この瞬間，彼女は眼鏡を外しました。わたしは尋ねました。「眼鏡をかけると視界がどう変わるのですか」。たいへん興味深いことに彼女はこう言いました。「いえ，眼鏡なしでもとてもよく見えるんです。単にそのほうが安心だからかけているだけです。ないと，ひどく背が高く，ひどく大きすぎて，釣り合いが取れていないというか，なんか焦点からずれているような感じなんです，他の人たちと比べて。眼鏡をかけるとまともなサイズに戻る感じがします」。

分析中に出てきた夢は，幻覚的に満足を得ていた乳児の頃の日々と，見事に並行関係にあったに違いありません。取り込み（introjection）という心理的メカニズムの基盤をこれほど明快に示す人はそうはいません。「十字架が

18）［訳注］*"There was a holy woman in whom the Cross was reflected."*

影を投げている聖なる女性」と。

身体的な症状が夢への手掛かりになることもあります。飢餓感や空腹感の訴えは一般に夢に光を投げかけるものです。今，ご紹介した患者が，ひどい頭痛がするということを繰り返して分析時間を始めたことがあります。ということは明らかに，彼女がいかに気分が悪いかをわたしが知っていることが非常に重要だったわけです。ついに彼女はこう言いました。「殺人的な頭痛です」。この件にずいぶん時間をかけた挙句，彼女は夢を思い出しました。〈**こういう夢を，昨日の晩，見たんです。殺人が犯されて，殺人犯が見つけられなかったんです**〉[19)]。

そういうことですから，みなさんには夢への刺激という問題に注目していただきたいのです。分析時間中に現れる他の問題とは関係なく夢への刺激を探せということではなく，気に留めておくべき要素としてということです。もし刺激が見つかれば，分析的作業の道具立てとしても，患者の外界における生活をめぐるその時の心理的問題という意味でも，夢の解釈に役立ちます。また，もし患者が長期にわたって夢の刺激になったものを一貫して省くようであれば，分析家は抑圧されている素材に関する問題や，患者がそれを隠す理由について，考える必要があります。

夢のさらなる一面を見てみましょう。長く散漫な夢は，そこに現れるなにか特定の要素が，興味深く，連想を喚起しそうだというのでもない限り，さほど分析の役に立つものと考える必要はありません。

〈**フォークストーン**〉の夢は，かなり長いものでしたが，それでも分析しにくいものではありませんでした。1時間のうちにちゃんと意味が出てきましたから。しかしその作業は予備的なものにすぎませんでした。その日の分析には「つかみどころ」がなかったのです。患者にとって知的に興味深いものだったので，彼女はわたしの分析にとても従順でした。が，分析はいかな

---

19)［訳注］*"Such a dream," she said, "I had last night. A murder had been committed and the murderer could not be found."*

る不安も解消せず，不安を喚起することもまったくなく，彼女自身が気づいているいかなる問題にも光を投げかけませんでした。まだ彼女の問題には手が届いていなかったからです。

今日の講義で引用した，同じ患者の〈**高い／ロフトっぽい建物**（lofty house）〉の夢と比べてみてください。分析がどのくらい進んだかがわかります。再度，この患者が長い漠然とした夢を見ることはあるかもしれませんが，ゆくゆくはぐっと少なくなるでしょう。〈**ロフトっぽい建物**〉の夢で分析が進んだからです。分析が進んでいる時の夢はえてして短く簡潔で，よりわかりにくく歪曲もはげしいものです。あらゆる夢の中でも，最も多くの意味を孕んでいるのがそういう夢で，それらは顕在内容として意味を漏らすことが少ないのです。ときに長い抵抗の末に，これまでずっと抵抗してきた問題をずばりと表現しているオープンな夢が出てくることもあります。分析家は抑圧の砦に近づいたら，患者を動かしている問題を見いだすことを常に予期していなくてはなりません。長い分析の最後に見られる夢は，しばしば最も難しく最も短く最も強情で，付け加えるなら，最も分析しがいのあるものです。休暇や週末で分析の狭間にあると，通常の分析期間以上に多産に夢が見られます。一夜のうちに見られる一連の夢には，常に１つの情緒的に不穏な内容と，それに対処しようとするたいへんな努力があり，シリーズ最後の夢が，他と比べてもっともカムフラージュの少ないものになりがちです[20)]。現に非常に多いのが，最後の夢が患者を起こすというパターンです。分析の際，わたしはこういうシリーズでは，最後の夢に注目するようにしています。

20）［訳注］これはフロイトも指摘しており（Freud, *Standard Edition*, Vol. 4），最近の夢研究（Malinowski & Horton 2014）でも確認されている。

第７章　精神的・身体的危機において生じる夢の例

1. 分析開始時の患者の精神状態を示す夢
2. 精神的破綻を予告する夢
3.「火」の夢とその重要性
4. 身体的破綻を予告する夢
5. 精神的リスクマネジメントの手法を示す夢

この章は，大小さまざまの精神的危機のうちにある患者によって語られた，特徴ある夢について考えるのに使いたいと思います。そういう夢は象徴的重要性において典型的なものですから，臨床家になろうとする人にとって，価値があるかもしれません。

第１章で最初にお話しした〈**音楽**〉の夢は，ある患者が分析の初期に語ったものです。この時，患者は現実における死別のショックに苦しんでいました。夜の夢の中での満足は，実生活における荒廃と極端な対照をなしていました。この患者は分析セッション中，しばしばクッションの角をしゃぶりつつ眠りに落ちていました。その後の分析で非常に重篤な転換ヒステリーが明らかになりましたけれども，それは幼い頃から表面化していたものでした。

〈**音楽**〉の夢のわたしの見立ては，神経症の重さや，分析中に患者が受けたさらなる外的トラウマに照らして，この患者のうちには，必要とならば，内的・外的要因によるストレスに患者の精神が耐えるだろうというある程度の保証があることを示している，というものです。夢の中では満足の根源への幻覚的回帰が見られますし，それはクッションをしゃぶることでもドラマ化されていました。これは快感の夢であって，夢の中では本能が正常なあり方で，口唇期レベルの欲望の対象に向けられています。過度の不安，深い抑鬱，自殺ファンタジー，身体的病といった時期を，この患者はすべて経ることになります。口唇的満足へと退行するこの夢を，精神的健康を再度得ることを約束するものとみなすにあたってわたしが考慮したのは，最大のストレスにさらされた時ですら，この患者は普段の生活での日課や，専門職としての仕事をある程度以上放棄することがなかったという事実です。

分析開始当初は，眠りに落ちることやクッションをしゃぶること自体が，まさに幼児期の指しゃぶりの時期に相当するものとして，患者にとって治癒の過程をはじめる方法だったのです。これに対する分析家側の不干渉，つまり，この局面がそのまま展開するのを許したことは，深い陽性転移の成立を意味しました。この時期にも自殺傾向はゆるやかかつ無害なかたちで，わたしのいるところで眠ることによって示されていたのです。ですから，こうした傾向が，より危険なかたちで展開することに対する安全装置として，不干渉は妥当な策だったわけです。

ある患者は数週間のうちに何度も〈**自分が非常に幼い子どもで乳母車の中にいて，きれいな海辺に沿って，母親に乳母車で押されて進んでいく**〉[1]夢を見ました。

この夢も〈**音楽**〉の夢と同じく，偽装されていない願望であることが明らかです。願望を歪曲しようとするさまざまな心的メカニズムの側には，一切の努力が見られず，対立願望が表現されていません。1つの願望に対して抵抗しようとする心的な力が最小になっているのです。この患者の場合，この夢は，通常の生活と仕事を続けようとする努力が辛うじて保たれていた危機的な時期に生じました。患者が通過しようとしていた心的危機は，分析の一時期の頂点にあたっており，そのあいだに固定的な妄想が消失した時期でした。それまで患者は結晶化した妄想によって，一定の正常

1）［訳注］*“she was a very young child in a perambulator and that she was being wheeled along a beautiful sea front by her mother.”*

性を維持していましたし，そのおかげで仕事も維持できていたのです。その努力はストレスに満ちたものでしたけれども。ですから妄想的信念が弱まったことで，心的エネルギーの内的再配分が必要になりました。それまでは妄想への心的エネルギー（カセクシス）の備給によって対処されていたわけですから。その妄想の中で，彼女はひとりの男性にさまざまな攻撃的性行為を投影していました。この妄想自体が，抑圧され，切り離されていた子ども時代の性的トラウマの回帰の一端だったのです。この幼児期のトラウマに関する分析作業の結果，母親への敵意をともなう真正のエディプス願望を出してくることが可能になりました。それが解放されるとともに，子ども時代の行為やファンタジーの記憶も戻ってきて，攻撃的ファンタジーがいかに強かったかというだけでなく，ライバルになった赤ん坊である妹を傷つけようとする実際の試みも強かったことを証明しました。先にお話しした夢は，患者が怖れていた攻撃的衝動からの精神的休息を表しています。ひとりっ子である夢を見ることで，患者は自身を嫉妬する必要のない立場に置き，したがって攻撃的衝動を怖れる必要もないわけです。彼女はさらに母親に面倒をみられ，守られていますから安全です。この夢は母親との和解という願望を表すものと見ることもできるでしょう。この夢を，予後という観点から好ましいものとみなすにあたって，わたしはこの夢の意味に加えて以下のデータを考慮しています。まず，この患者が固定的妄想という手段で外的世界とコンタクトを維持してきたこと。次に，その妄想自体が徐々に消える一方で，同時に愛憎をめぐる活発な衝動が，適切な人たちに結びついて，かつ具体的に想起された子ども時代の諸状況と結びついて，明るみに出てきたこと。さらに，そこで可能になった諸々の昇華（sublimations）が，母親に対しての償い的（reparative）な意味あいであるだけでなく，それらの昇華そのものが，根本的な本能の満足に向けての象徴的回路を提供しているということです。この夢はもう一度子どもになりたいという非常に強い願望を表している一方で，それにもかかわらず，今，わたしが述べた詳細を考慮すると，幸先のよい夢とみなされうるでしょう。

次にご紹介する夢は，危機を予告するものです。この夢を見た女性は，当時，専門職としてのキャリアの中で複数のつらい仕事をかかえていました。それが，のちに明らかになった心的葛藤に加えて，彼女の現実的な体力にもたいへんな負担を強いていたのです。夢を見た段階では身体的な病気については意識されていませんでした。彼女は倦怠感と仕事への関心がいくらか欠けているのを感じていて，休みをとる必要はあるにせよ，休めば関心も戻ってくるだろうと思っていたのです。その夢はこうです。〈**わたしは時間を見ようとして時計をとりあげ，盤面が細長い紙切れですっかり覆われてしまっていて何時だか見られないのに気づきました**〉[2)]。この夢の少しあと，１週間の不眠ののち，患者は専門家としての仕事を諦めて長い休暇をとらざるをえなくなり，そのあいだに分析を受け，精神神経症が明らかになったのでした。

わたしはこの夢を，身体的かつ精神的破綻を予告する夢として引用しています。この夢は，分析治療中，患者が快方に向かう途上で再度現れました。そちらのバージョンはこうです。〈**わたしは何時だか見たくて自分の時計を見ようと振り返りましたが，時計はそこにはありませんでした。それから時計を棚に置いたのを思い出しました。棚からおろしてみると，盤面はまったくきれいで時間を知ることができました**〉[3)]。

ここでは，この夢の具体的な形象（imagery）を解釈しようとはしません。今はこれに続いて破綻を生じたという夢全体としての意味に注目していただきたいのです。もしもこの夢が，これを見た女性によって，そういう知識のある人に語られていれば，発疹の出ている人に対してすぐ医者にみてもらうようにアドバイスするのと同じ確信をもって，すぐ精神的援助を求めるよう

---

2)　［訳注］*"I took up my watch to look at the time and found the face of the watch so covered over with strips of paper that I could not see what the time was."*

3)　［訳注］*"I wanted to see what time it was and turned to look at my watch and it was not there. I then remembered I had put it on a shelf. I took it on a shelf. I took it down and the face was quite clear so I could read the time."*

にとアドバイスされていたかもしれません。そこで精神的ストレスがいくらかなりともやわらいでいれば，完全な破綻をまぬかれた可能性もあるのです。

広い意味で興味深い次の「危機」の夢は，精神的難聴を発症して学校をやめなくてはならなくなった15歳の少女患者が語ったものです。聾に至れば将来の見通しは暗いものでしかないと，彼女はたいへん不幸な状態に陥っていました。〈**問題の夢は，すべての列車が静止した駅を描写したものでした**〉[4]。入ってくる列車もなければ，出て行く列車もありません。エンジンはどれもすでに機能を止めていました。結果的にいかなる音も聞かれませんでした。

この患者の分析は成功しました。彼女の精神の形成作業は15年にわたって続き，今では幸せな既婚女性になっています。分析家の視点からこの夢を見ると，これは役に立つ1つの夢だということになります。その理由は，精神的難聴の意味に関する1つの直接の手がかりを与えてくれる夢だからです。聴かないということは，魔術的にエンジンの停止を引き起こすという意味を持っているのです。その後の患者の分析はすべて，この夢の分析と見てもよいものでした[5]。分析のテクニックによって，無意識的精神が，エンジンという象徴に連動する意味と，魔術的にエンジン停止を引き起こす理由とを明かした時，患者は聴力を回復しました。

では次に，3つの火の夢をご紹介します。それぞれ3人の患者が語ったものです。

(a)〈**わたしは燃えている家を見ました。**家には女性と彼女の子どもたちがいました。わたしはひとりの男性が彼らを助けに入っていくのを見ましたが，男性はそのまま出てきませんでしたから，一緒に焼死したはず

---

4)［訳注］*"The dream in question represented a railway station in which all the trains had come to a standstill."*

5)［訳注］フロイトでいえば「プログラム・ドリーム」(Freud, *Standard Edition*, Vol. 5)。シャープには多い読み方。

です〉[6)]。

(b)〈**わたしのいる家が火事になりました。**わたしはものすごく心配になって逃げるつもりでしたが，まずわたしのいちばん大事なもの，描いている途中の絵のことを思い出しました。絵はまだ完成しておらず，わたしはそれを完成させたかったのです。ですからわたしはアトリエに行き，絵をイーゼルからおろし，それから急いで燃えている家を出ました〉[7)]。

(c)〈**わたしは自分の服に火をつけ，その瞬間に目が覚めました**〉[8)]。

３つの夢は，いずれも精神的危機にかかわっていました。顕在内容だけでも考慮に値するものです。

どの患者も，母親に対して感じている攻撃的衝動によって引き起こされた精神的ストレスを通過しようとしているところでした。攻撃的態度の理由は，母親が父親によって子どもを得たという事実が引き起こす乳児期の嫉妬です。第１の夢では，非常にシンプルに母親と子どもが焼け死に，最後は自ら助けにいった父親自身も焼死すると語られています。さて，この夢は，夢を見た患者に意識のうえではまったく苦痛をもたらしていません。第２の夢を語った患者が経験した苦痛とは対照的です。その理由の一端は，投影のメカニズムです。それはこの夢においては，精神の内部でドラマが演じられるにあたって「わたし」という自我が見物人であることによって示されています。この自我は関与していないのです。患者の精神がどこまでストレスに耐えうるかを見定めるうえで，この種の夢は分析家にとって役に立ちます。この患者

---

6)［訳注］“*I saw a house on fire.* In it was a woman and her children. I saw a man go in to rescue them but he did not reappear, so he must have been burned as well.”

7)［訳注］“*The house I was in was on fire.* I had great anxiety and prepared to escape but first I remembered my most precious possession, a picture I had been painting. It was not finished and I wanted to finish it. So I went to my studio and took it from the easel and then rushed from the burning house.”

8)［訳注］“*I set my clothes on fire and woke up instantly.*”

はストレスが大きくなりすぎれば，自分でなにかを引き起こすというよりも，外的に生じる事故や災害に巻き込まれる可能性が高いタイプです。たとえばこの患者は，子どもの頃，不注意に通りに飛び出して車にはねられたことがありました。

攻撃的衝動への対処という問題は第2の夢の患者の前にも立ちはだかっています。第2の夢は，第1の患者の夢より，はるかに強く不安に結びついていました。こちらの「自我」ははるかに強く関与しているのです。というのも夢の中で患者は燃える家の中にいますから。投影のメカニズムが第1の夢よりも弱いのです。第1の夢の家は，母親の身体と，その中にいる子どもを象徴していました。そして夢を見た人は，それとは別のものとして存在していました。第2の夢でも，夢を見た人がその中にいる家は，母親の身体を象徴しています。が，第1の夢とは対照的に，夢を見た人も母親の体内にいて，一方への危機は母子双方を危険にさらすのです。でも，リビドーの方が憎しみという衝動より強いのです。救いたいという願望の方が，破壊したいという欲望より強いわけです。したがってこう結論づけることもできるでしょう。第2の患者は，苦痛な不安にも拘らず精神的均衡を保つだろうし，攻撃的衝動についてもリビドー的衝動についても夢の中で昇華が与えられていると。なお，この患者は画家でした。

第3の夢は，実際に身体に危害を加えることになりかねない精神的危機を示しています。投影のメカニズムはこの夢には存在しません。ですから「家が火事になる（a house is on fire）」のではなく「自分に火をつけた（I set fire to myself）[9]」ということになるのです。この自我は攻撃的願望のなすがままです。この夢と同種のものは，自傷の試みや，極端な場合，自殺の試みの前触れになることもあればならないこともあります。が，こういう夢が出てきたら，分析家はことの重さを見きわめないといけません[10]。

9）［訳注］シャープの表記はブレており，初出時の“I set my clothes on fire”と表現が異なる。

10）［訳注］刊行時の書評で〈**3つの火の夢**〉の解釈は批判されている（Reik 1938）。シそういう時に考慮すべき点を，以下にいくつかあげておきましょう。分析家は，患者の自我の発達の強さを見積もる必要があります。また，過去の情動的危機にあたって患者がとった特徴的な行動も，１つの指標になるでしょう。そういう時の特徴的対処法が逃避であったのか，仕事と人間関係からの離脱であったのか。もう１つ，分析そのものに関して指標になりうるのは，患者のムードが率直なものから，なにか計画を抱いているかのように秘密主義的なものへと変わることです。また１つ，患者の生活の側面から不測の事態を推し量るにあたって役立つのが，現実へのかかわりをめぐる全体的な状況です。仕事に対する関心が弱まっていたり，直接的・間接的にリビドー的満足が得られていなかったり，人との接触が少なく薄くなってきている，あるいは単に苛立ちを引き起こすものになりつつある，といったことがあるようならば，分析家はこの夢を深刻な意味を持つものと捉えることになるでしょう。では，まとめておきましょう。このような夢を見る患者が充分に統合された自我を持っていない場合，また，過去に生じた情動的な動揺が現実に仕事や友人関係の断絶や突然の逃避を招いている場合，そして夢を見た時点での現実の全体像がリビドー的満足に失敗しているとか，はけ口のない不明瞭なままの攻撃性を示している場合，もしも患者がじっと考え込んで近づきえない状態になったら，分析家としては，なにか自己破壊を試みる可能性があると考えるのが妥当でしょう。その時は目前の危機に対して非常手段がとられなくてはなりませんし，危険が去るまでそれを続ける必要があります。

次の夢が興味深いのは，身体的な病気の前触れだったという点です。この夢を見た人は非常に身体がだるかったにもかかわらず，具体的な身体症状がなかったために医者にかかることをためらったまま，しんどい仕事を続けていました。彼女は〈**全力で窓枠にしがみついていたのですが，ついに力つき**

ャープの解釈は，「言語事実としては同じでも表現が違えば意味も違う」という認知言語学的前提に立って「表現のかたちのうちに認識主体の濃度の差が表れる」とする「主体化」を捉えたもの。そうしてみると，原著におけるシャープの引用や夢の表記に少なからずブレがあるのは興味深い。

て地面に墜落した〉[11] という夢を見ました。夢の２日後，この女性は意識を失って地面に崩れ落ちました。記憶にあるかぎり初めての失神で，医者が呼ばれ，少し前から膀胱の感染症に罹っていたはずだとわかりました。患者は回復するまでに３か月を要しました。

もう１つ，今度は小さな危機にあたっての心的コントロールを示す夢をご紹介しましょう。このケースでは患者はかなりの分析治療経験を持っていました。そしてこの時期，攻撃性をめぐる精神的ストレスは，患者の夢の中ではなにより頻繁に荒れ狂う海として象徴化されていました。荒れ狂う海はいつも彼女を追ってきて，溺れさせ，呑み込もうと脅かすのです。患者が次の夢を見たのは，父親代理にあたっていた人物が亡くなった時です。彼女は〈**深い水の中にいました。でも，水がとても塩からいので押し上げられて，だから溺れる恐れがないのはわかりました**〉[12] という夢を見ます。「塩水（salt water)」に対しては，すぐに「塩の涙（salt tears)」という連想が浮かび，次の瞬間，患者は詩の１節を引きます。

愛よ，悲しみの手を摑め，共に溺れぬために。[13]

この精神状態であれば患者の自我を脅かすものはありません。また，わたしの別の患者でこの種の危機をうまく乗り越えた人は，個人的喪失に際してこう記しました。

11）［訳注］*“she was clinging with all her might to a window ledge and then finally exhausted she fell to the ground.”*

12）［訳注］*“she was in deep water. The water however was so briny that it held her up and she knew that there was no fear of drowning.”*

13）［訳注］Let Love clasp Grief, lest both be drowned. テニスン「イン・メモリアム」より，入江直祐訳。

わたしの悲しみを持ち去らないでくれ。ならば
救いの手に煩わされずに，まだ泣けるだろう。
　　涙を流せるうちは
　　まだ愛は死んでいない[14]。

---

14)　［訳注］*"Leave me my grief. Thus, undisturbed*
By clamorous help, I still may weep.
While tears can flow
Love is not dead."

第８章　心的再適応を示す夢

1. 分析においてなされた進歩を示す夢
2. 長期にわたって語られた夢の顕在内容から推測される心的変化
3. 性的発達を示す夢
4. 超自我の緩和を示す夢
5. 患者が心的問題に効果的に対処しうることを示す夢分析の特徴

長期にわたる精神分析では，その過程で生じる患者の心的変化や再適応が，夢にも感知されます。実際，患者が心的ストレスに対処する能力をはかる際の評価基準は，患者の夢の本質にあるでしょう。夢の中でそのような変化がどのように明らかにされるか，ご説明したいと思います。

ここに，３人の患者が語った３つの夢があります。最初の夢は次のように語られました。〈**わたしは地下鉄の駅にいて，列車に乗るかどうか決めかねていました。が，乗って，しばらくしたら列車が「ベントリー」という駅に停まりました。降りてみると，駅は地下**（underground）**ではなく卓上**（above board）[1] **――じゃなくて地上**（above ground）**でした**[2]〉。

この夢は，患者の精神における新たな適応と，分析がある明確な時期に入ったことを示しています。「ベントリー」という駅は，患者がまだ「beastly（いまいましい）」という単語を発音できなかった頃に兄を「ベントリー」と

1）［訳注］'above board' はトランプの手を卓上に出すことから「開けっぴろげに」といった意味。

2）［訳注］*"I was in an underground station and undecided about boarding a train. I got in though and after a while the train stopped at a station called 'Bentley.' I got out and saw the station was not underground but above board –I mean above ground."*

呼んでいたのを思い出させました。この夢は，情動的態度の抑圧と，兄に対してのある態度からの回復の前触れになるものでした。「駅」はもはや地下ではなく「above board」になっていたのです。

２つめは，若い女性患者が語った夢です。〈**わたしはソファーに座っていて，ダグラス・フェアバンクスがわたしに愛の営み**（love-making）**をしていました。しばらくすると彼はわたしの兄になり，わたしは心配になって，ゆっくり起き上がりました。でも，わたしの周囲の声は「可哀想に」と言っているようでした**〉[3)]。

夢の分析で明らかになったのは，ダグラス・フェアバンクスが父親と息子の両方を指しているということです。ですから，この映画俳優が患者の兄になった時，彼女の父親もまた，夢思想と願望の中にいたわけです。ソファーでの「愛の営み」は，分析における転移状況をはっきり指しています。同じく夢の中で「可哀想に（poor kid）」と言っていた部屋の中でしている「声」も，「声」として分析家を指しています。

この夢も，心的適応の進展と，分析における明確な時期（の到来）を告げるものです。無意識的なエディプス願望と，それが分析家に転移されたものとが，夢の中ではっきり表現されています。共感的な「声」からは，超自我の緩和が明らかです。

３番目の夢は，重い転換ヒステリーの患者の分析からのものです。夢を語る際，患者は，〈**この夢には芝居がかった雰囲気があって，まるで「演技**（acting）」**のようで，出てくる人は操り人形みたいでした。背景があり，うち捨てられた道を指す標識がありました。標識には，前の戦争**[4)] **での戦場の名前があって，つまりそれをもう一度またやりなおすということなんです。**

3）［訳注］*“I was sitting on a sofa and Douglas Fairbanks was making love to me. After a time he became my brother and I grew anxious and gradually woke up, but I was as if voices around me were saying “poor kid.””*

4）［訳注］第１次世界大戦のこと。

白い服の男の人の姿もありました。コックのようでした〉[5)]。

この夢は「すべてをまたやり直す」かどうか，つまり，もう一度転換ヒステリー症状を繰り返すか，あるいは健康な生活に戻るか，という患者の内的葛藤をはっきり示しています。転換症状は「芝居がかった」，「演技」，「料理」，「すべてを一からやり直す」といった思考によって表現されています。患者自身，そのことに気づきましたから，この夢は，精神的再適応の指標になるわけです。状況は分析時間中の次の発言から明らかになりました。患者はこう言ったのです。「昨日，友達に電話をかけて，新しい仕事はどう？ってきいたんですけど，友達は，病気になったせいでまだ新しい仕事をはじめてないと言っていました。なので「運が悪かったのね。でもすぐよくなるでしょ。二度とはないから。次はうまくいくって」と言ったら，彼女も「そう思う」と言ったんですけど，それがいやいやで，まるで次にうまくいくのが嫌というか，病気にならないようにするのが嫌みたいだったんです」。こう言ったあとで，患者は自身に照らして，また夢に鑑みて，友達について自分の言ったことの説得力に気づきました。患者は自ら啓発的になりつつあり，身体症状を出している葛藤の解決が視野に入ってきたのです。

分析治療の過程で起こる精神的変化を判定する方法は，もう１つあります。ある患者の分析から，長い間隔をおいて語られた，３つの夢を抜き出してみました。

最初の夢は〈**わたしは海の底で妻と一緒に部屋にいました**〉[6)] というものでした。これは分析のはじめに見られた夢です。ここでは象徴の意味や，患者が行なった連想や，そこからこれが語られた回に可能になった解釈のことは置いておきましょう。

---

5)　［訳注］*"the dream has a theatrical air about it as if it were an ' acting ' and the people in it were puppets. There was scenery and a signpost indicating a desolate road. The signpost had on it the name of a battlefield in the last war, and so that meant doing it all over again. There was the figure of a man in white, like a cook."*

6)　［訳注］*"I was in a room with my wife at the bottom of the ocean."*

わたしはこの夢の顕在内容を，数か月後の次の夢と比べてみたいのです。第2の夢はこうです。〈**わたしは巨大なトカゲを見て，最初は樹皮の一部が徐々にまくれあがって木からはがれかけているのかと思っていました。そのトカゲがぴったりはまるくぼみが木の幹にあるのが見えました。トカゲは木から身を引きはがして，まるまる木の幹から離れるかのようでしたが，そこで気が変わって，またまるまって木と一体化しました**〉[7]。

この夢は，分析時間中の患者の連想から潜在内容の意味も出てきましたし，象徴としての意味もわかっています。しかし間隔を置いて見られた第1の夢と第2の夢は，顕在内容の変化から，分析家にその間に行なわれた心的作業を推測させうるものです。この患者の神経症は，いわゆる自己愛性と言われるタイプのものです。第1の夢は，深い孤立と絶縁のイメージによって自己愛的状況をきわめてよく表しています。第2の夢では，患者は自身の一部を，分離を怖れる巨大な寄生生物として表現していますが，舞台は居住可能な地上に移っています。患者は不安を感じてこの夢から醒めました。それ自体，自己愛的防衛が弱まっている徴候です。

第三の夢は，かなり間隔をおいて見られたものです。〈**わたしはホテルのロビーにいましたが，向かいの家が火事だというしらせがありました。他の人たちは救助にむかいました。わたしも一緒に行こうとしたのですが，ドアのところまで行ってラウンジに戻りました**〉[8]。

この夢も，語られた回の中である連想を生じ，それに沿った解釈が与えられています。が，前の夢との顕在内容の違いから，分析作業がもたらしたゆ

7）［訳注］*"I saw a great lizard which at first I thought was part of the bark of a tree slowly uncurl itself and separate from the tree. I saw a groove in the tree trunk into which it exactly fitted. After disengaging itself from the tree as if to get free altogether, it changed its mind and curled back and became one with the tree again."*

8）［訳注］*"I was in an hotel lounge when there was an alarm that the house across the way was on fire. Others went to the rescue. I started to go with them but when I reached the door I turned back to the lounge."*

るやかな心的変化をはかることもできます。患者は自身をもはやトカゲとはみなしていません。ラウンジの住人（lounge-lizard）[9]ではありますが，患者は人間になっています。ここでも患者は居心地のよいラウンジを離れようとしますが，ふたたびそこに戻っています。とはいえ，この夢を上演しているのは患者の精神なのですから，救出に向かった人々もまた患者の一面なのです。ですから分析を続けてゆけば，自己愛的防衛の対象となっていた自らの攻撃的衝動（向いの燃える家として示されています）にやがては直面し対処できるようになると期待できるわけです。

この3つの夢に対して，今，わたしが述べたコメントは，分析とみなされるべきものではありません。これらの夢について行なった分析は，みなさんには申し上げませんでしたし，逆に，今，述べたようなコメントは患者には言っていません。今は，顕在内容をこのように比較対照することで，分析家は，実際に分析の作業が産んだ精神的変化を推測しうるということを示す目的で夢を抜き出したのです。

では次に，長期の分析の途上，間隔を置いて生じた一連の夢をご紹介します。この場合も，途中，何度か夢に関して患者の出してきた素材を分析しているのですが，ここではそれは置いておきます。ひたすら，分析過程で方向性が変わったことを示す顕在内容の変化に，注意を向けていただきたいからです。

このテーマの第1バージョンは，何度か同じかたちで生じた悪夢です。**〈わたしは口の中に綿が入っているのに気づいて引っ張り出しはじめました。長いこと引きずり出していたら，その端がどこか内臓にくっついていて引っ張ると内臓ごと出てきそうなのを感じたので，それ以上やらないことにしました。怖くて目が醒めました〉**[10]。

9）［訳注］「ラウンジをうろつく穀潰し」といった意味。

10）［訳注］*"I found a piece of cotton in my mouth and began to pull it out. After pulling a long time I dare pull no longer for I felt it was attached to some inner organ which might come out with it. I woke in terror."*

次期バージョンでは，綿が髪の毛にかわりました。さらに後続バージョンでは，綿でも髪でもない，どろどろしたものになっていて，危うく夢を見た人を窒息させそうになりました。そして2年の分析ののちに出てきた第4バージョンはこうです。〈**筋肉が眼球に入っていって，眼球そのものを形成すると考えてはじめて取込**（introjection）**のプロセスが理解できるとあなたにお話ししていました**〉[11]。

このテーマの最新かつ最終バージョンでは，〈**患者はふたたび口の中から髪の毛を取り出しています。それは非常に簡単に出てきて，なににも結びついてはいません。夢の中で不安はありません**〉[12]。

この一連の夢には，この患者の神経症における主要な問題への手掛かりが含まれています。分析全体が，この夢の潜在内容を解明することだと言ってもいいほどです[13]。「綿」，「糸」，「髪」といった要素は，無意識的に極めて重要な象徴的意味を持つばかりでなく，無意識的ファンタジーを，乳児期初期から子ども時代のおわりにかけて起こった現実の経験にむすびつけるものでもありました。不安を引き起こす外的刺激は，糸というまったく支配的なテーマに結びついています。このおよそ排他的な象徴の使い方については，第2章で言及しましたし，この夢はそこでお話した患者が語ったものです[14]。

分析家にとっては，この一連の夢の顕在内容の変化は，精神的苦闘の変化を証拠づけるもので，最終バージョンは，この問題が解決に至り，そこから生じる不安も解かれたことを示しています。

前の章でお話した水の夢にふたたび注目してみましょう。水をめぐる不安を経験するという夢ですが，分析家は，各々の夢ごとに患者の連想にそくし

11）［訳注］*"I said to you I only understand the process of introjection by thinking of the muscles which run into and form the eyeball itself."*

12）［訳注］*"dream in which the patient was again taking a hair out of her mouth. It came out quite easily, it was not attached to anything, and no anxiety was felt in the dream."*

13）［訳注］したがってこの夢も「プログラム・ドリーム」といえる。第7章参照。

14）［訳注］第2章のシャープ本人と考えられる機織り象徴セットの患者。

て具体的な解釈をするというだけでなく，この種の反復される夢の場合は，そこから不安の解消の進み具合を判断することもできます。たとえば，ストレスにさらされると恐ろしい海の夢を見ていた患者が，分析が進んでからは，精神的に苦痛な刺激に対して，水に浮かんでいる夢を見るようになったとすれば，分析家は，患者が内的な問題に対処できるようになるところまで再適応が進んだのだと結論づけてもよいでしょう。

内的な精神的適応の進展を評価するにあたって，夢については，また別の基準も使えるかもしれません。メランコリー型の病気や，重篤な転換ヒステリーの患者は，ものの一部が身体の一部の象徴になっていたり，あるいは，その身体部位が象徴ぬきで出てくる夢を長期にわたって見るということにわたしは気づきました。たとえば，そういうタイプの患者だと，思い出される夢の断片が，次のような視覚的イメージを含んでいるのです。壁に走る亀裂，隙間から草が生えている敷石，３つの瘤がある木の一部，壁につけられた張り出し棚，性器を露出した女性の一部，男性の露出したペニス，乳房の曲線，よりなだらかなお尻の曲線，肛門を象徴化した円盤，膣を象徴化する接近した垂直線，口を象徴化した複数の水平線などです。

こういうタイプの夢が長期間続く場合，患者は口唇期や肛門 - 嗜虐期（anal-sadistic phase）に属する部分対象関係（part-object relationships）や，その当時に結晶化した（crystallized）葛藤のうち，まだ解決されていないものを扱っているのです。

分析が転移状況として再演される幼児期の問題に対処できると，夢の性格はかわってくるでしょう。たとえば全身の一部分だけを夢の内容としていたのが，今度は人物の全体像の「一部」が重要だという夢になるといった風にです。それに加えて「全体」としての人々の間でドラマ化されている状況も出てくるでしょうし，また，神経症の主要な葛藤，すなわち攻撃的衝動への怖れや，対象が持つ攻撃性への怖れ，さらにその双方に対する様々な防衛といったものだけに基づく夢ではないものも出てくることでしょう。たとえば，今，お話していたような一連の夢が延々と続いたのちに，３つの瘤のある木の夢を見た患者は，その次の夜，病気の女性に花をあげる夢を見ました。３つの瘤の意味はまさしく多重決定されており，その様々な意味についてはここでは触れません。ただ，そのうち１つだけでも，つまり母親の亡くした３人の子どもを象徴するものとしてだけでも的を射ています。それを，病気だった女性に生花を贈るという夢——意味は明快ですね——と結び付けてみれば，心理的発達が生じつつあって，愛の衝動が攻撃性によって以前ほど抑えこまれなくなっていることがわかります。

また，今，ご説明したようなタイプの夢が示しているものほど心的な障害の本質が深刻でない場合も，全体としての夢の流れは，分析家にどの種の心的動きが分析を通じて生じているのか，示すことになるでしょう。たとえば，肛門的ファンタジーや，子ども時代の患者や，患者に対しての周囲の態度を含む状況への手掛かりを含んでいる夢は，長期にわたって続くことになるでしょう。が，最後には夢の性格が変化して，口唇的あるいは性器的関心が中心になってゆくでしょう。それに応じて，夢の中心人物は，長期に渡って分析家 - 母（analyst-mother）であったり，またある時は分析家 - 父（analyst-father）であったり，それぞれに適当な情動的態度を充当された分析家 - 兄弟姉妹であったりするでしょう。

同性愛の夢が続いても，最終的には異性愛の夢にとってかわるでしょう。これは分析の展開にあって示唆的なものです。と同時に，分析家はおそらく，寄せては返す波のように，安定が得られる遥か前から，精神の内部で行なわれている適応への試みを見ることになります。ぱっと見の退行や，以前の態度への沈溺はあっても，再度，適応がより力を増して主張を行なうことになるでしょう。

厳格な幼児期の超自我がやわらいだことを示す夢は，心的発達を明かす歓迎すべきものです。３つ例をお示ししましょう。

1. **〈自分の車で運転していたらなにかが起こって，なんだったかはわからないのですが，あやうく事故になりかけたんです。それはわたしのせい**

だとわかっていて，警官を見てすごく動揺しました。が，驚いたことに，警官はかなりフレンドリーみたいでした〉[15)]。

2. **〈子どもが悪戯をしていました。誰かがそれですごく怒っていて，わたしも腹が立っていたのですが，叱るかわりに，その子のところに行ってなぐさめました〉**[16)]。

3. **〈子どもが床にお漏らしをして，とてもおびえていました。わたしはその子のところにいって掃除を手伝いました〉**[17)]。

この3つの夢は，それぞれ歴史的な状況だけでなく，現在の日常における不安に付随する連想も喚起しており，分析時間にはそれが重要なポイントになりました。が，それに加えて，分析家としては精神的な緩和へと向かう適応が行なわれつつあり，精神内部での調和と寛容という効果が生じていると推測できました。

精神における再適応を示す夢のもう1つの側面についてお話しましょう。ある根深い転換ヒステリーの患者が，ある外的刺激に直面した際，身体的な病気になり，医師や看護人が付き添う状態で寝かされることになりました。そして18か月後，とぎれない分析のあと，最初に起こったのと同様の外的刺激にふたたびでくわします。過度の不安は生じたものの，患者は前回と比べて日常のルーチンをよりよく維持することができました。彼女は**〈X氏が療養所にいる〉**[18)]という夢を見ます。これは心的発達を示す夢です。というのも第1に，彼女自ら現に病気になってしまうかわりに，病気の夢を見てい

15）［訳注］*"I was driving in my car and something happened, I don't know what, but I nearly had an accident. It was my fault I know and I saw the policeman and was quite agitated. To my surprise he seemed quite friendly."*

16）［訳注］*"A child was being naughty. Someone was very angry with it and I felt angry too but instead of scolding I went to the child and comforted it."*

17）［訳注］*"A child had made water on the floor and it was terrified. I went to it and helped it to mop up the water."*

18）［訳注］*"Mr. X was in a nursing home."*

るわけですから。第２に，彼女は病気を父親代理であるＸ氏に投影しています。言いかえれば欲求不満に陥っているリビドー的願望をめぐる葛藤と，そこで生じるそれを妨害する父親への敵意と怖れの中で，彼女はもはや傷つき死にかけている者（父親）を具体化し，自ら彼になって自身を罰するのではなく，父親代理から分離できているわけです。つまり，ついに父親代理が外化されたということです。もし，この患者が欲求不満に起因する敵対的願望をめぐる不安に耐え続けることができ，それを分析がやわらげ解決することができれば，実際の身体症状の再来はもはや必然ではなくなるでしょう。

ある妄想的患者は，自分と同年ぐらいの女の子がひどく泣いているという夢をくりかえし見ていました。夢で彼女は自らその女の子を慰めにゆき，何で泣いているのかを聞き出そうとするのですが，いつも失敗に終わるのです。この夢は分析の最初の３年間で数回見られました。当初，患者の示す情動的，外的関心の幅や，子ども時代の描写は固定的だったのですが，やがてそうでなくなってくるとともに，固定的な妄想も消えました。分析が患者の子ども時代の環境や，その環境下で彼女が生きてきた情動的生活の真実に到達しはじめると，先の夢が繰り返されることもなくなりました。ですから特定の夢の反復がやむことは，抑圧されていた心的葛藤の解決を示すのかもしれません。

アルコール過剰摂取という問題をかかえる患者の場合，実際に飲みすぎるかわりに飲んだ夢を見るようになると，嗜癖の心的原因にアクセスしうる段階に入ったということで，したがって解決の見込みが生じるとわたしは気づきました。フェティシストがフェティッシュの夢を見るようになった時や，目覚めている時に現に強迫的な自慰を行なっていた人が，眠りの中で自慰の夢を見るようになった時についても同じことが言えます。

最後に，分析の終結を考えるべき時期に入ったことをよく示していると思われる夢について少しお話しましょう。

こういう夢です。〈**わたしは，あるところで頂上までよじのぼり，それから降りてきたのですが，最初それは不可能に思えました。でものぼれたので**

すし，のぼれたということは確実に降りられるということでした。そこでわたしは降りはじめました。最初，下までの距離は恐ろしいものでしたが，とうとうもう足場がない最後のところまできました。ですから飛び降りるしかなかったのですが，それは難しくはなく，簡単にできました〉[19]。

この夢を見た人は，長いこと分析をやってきていました。この夢で，わたしは分析をはっきり終わりにするという見通しを持ち出してよい時期だと結論しました。

この夢への外的刺激となったのは，個人開業の準備ができるように常勤の職を捨てて非常勤の職をとったことでした。給与外所得のない人でしたから，家計を支える身としては，それでリスクを背負ったわけです。そうしたということ自体，内的自信の成長の証でもあります。

この夢の少し前，分析作業によって，肛門的ファンタジーと去勢恐怖に対する肛門的防衛が解明されていました。また，性器期レベルでの父親に対する直接的ライバル関係や敵意が，転移の中で練り上げられてきていました。その結果が，現実において常勤の職をやめて個人開業する際に競争することになる人々とのライバル状況に直面することだったのです。能力に関する疑念が頭をもたげ，それとともに，女性性器は攻撃によって生じた傷だから危険だというファンタジーに根差す，無意識的な女性性器への恐怖も出てきていました。

夢の前日，患者分析の中で「X博士が，抑鬱状態にある時の女性との分析作業は危険だと言っていました」と言いました。終了までに，患者の連想から，この発言が，第1には，精神分析家として最初の一歩を踏み出そうとしていることに関する不安におおわれていること，そして第2に，この不安が無意識的には膣をめぐるファンタジーにかかわっていることを明らかにする

19）［訳注］*"I had climbed to the top of a place and then I had to come down, but at first it seemed impossible. Still I'd climbed up and if I could do that I surely could get back. So I started, at first the distance below was terrifying but at last I came to the last bit where there was no further foothold, so I had to jump that and it was not difficult, I did it easily."*

ことができました。たとえばこの患者が「抑鬱状態の時に作業をすれば女性はかえって酷くなりかねません」などという時，彼は無意識的には，膣は傷つけられた場所であるというファンタジーに基づく性交をめぐる不安を表明しているのです。その翌日，患者は先ほどお話した夢を報告しました。時間中に出てきた連想は，分析上きわめて重要なものでした。3歳までに患者が女性性器を見る機会をもったという明確な歴史的データがもたらされたのです。幼い頃の勃起経験が幼児期の自慰を裏付ける素材から推測できました。夢の中で彼がよじ登った家は，象徴的には女性の身体であり，また乳児期や子ども時代の母親や姉妹への参照項が多数ありました。時間中，夢について考え込んでいた患者は次のように言いました。「わたしはよじ登ったから，降りてこなきゃならなくなったわけですが，問題はもう一度どうやってよじ登るかなんだろうと思います。つまり，生まれた時に母親から降りてきたわたしたちは，もう一度，完全に子宮に戻ることはできないわけですよね。それは大人の性交の中で回帰してくるしかない身体部位なんです」。

その時間の終了前，患者は「わたしの分析はもう終わりにしなくてはならないとわかっています。トレーニングは終わりかけていますし，わたしが患者をとるようになれば，それが終結に向けてのもう一歩になるでしょう」。

この夢は自慰ファンタジーなのです。これは安心させる夢ですが，この安心には充分な根拠があります。分析的に言えば，連想は大きな柔軟性・可塑性を持ち，幅広く現在から幼児期最初期にわたる経験を網羅し，統一体として互いに結びつけられています。同様の確信が誕生，肛門の機能，性的能力に関する考えにも示されています。気分と態度が夢に示された幼児期から現在にまで至る経験についてこのような一貫性を示す時には，そして，患者が自らの将来を希望をもって計画し目標を達成するためにリスクを背負うのであれば，分析家は自信をもって分析が幸運な終結を間近に迎えていると思うことができます。特に患者自身がその予兆を示し，分析家（ここでは両親双方を代理しています）との分離がもうそこまで来ていることを感じ，明らかにそれに備えている場合はそうです。

もう1つ，再適応がうまくいっているという判断材料となる夢分析の局面があります。そういう患者は，自分の過去の人生に照らして将来の展望（perspective）を得ることになります。夢への連想はステレオタイプな態度表明や固定的な記憶の反復であることをやめます。古い超自我が解体されることは，自身にとっての憑き物が解体されるということなのです。患者が人間的になるにつれて，両親はより真に人間として見られるようになります。記憶の像を呼び起こす時の調子の変化は非常におもしろいものです。まるで，解放されたリビドーが，未来へばかりではなく過去へも旅していくようなのです。突然「乳母がわたしにどんなに我慢強かったか，今になってわかりました」とか，これまで気づかなかったかのように「あれはいい庭でした。家にあった庭のことです」などと語られるのを聞くことになります。同様に患者は，子ども時代にさらされた現実の不正や困難と，より冷静に，また寛容に向かい合えるようになります。かつての愛情や喜びが，抑圧されていた憎しみとともに忘却から救い出されて精神を豊かにするのです。これが，わたしにとっての分析の成功の基準です。リビドーという真のフェニックスがふたたび現れるのです。その再生には2つの要因があります。まず，敵意と，身体的危害へのファンタジー上の恐怖が静まり減少すること。第2には，かつてのリビドーのがんばりが忘却から蘇って，人生に対しての，より統合された肯定的態度へと合流することです。

第９章 「分析済み」の人とその夢

1. 夢は「分析済み」の人においても「未分析」の人においても同じ機能を果たす
2. 「分析済み」の人々が語った夢，および分析が達成した夢に対する情動的態度の変化
3. 「正常な」未分析の人の夢
4. 「分析」と「総合」

この章でお話する「分析済み」型の人とは，分析が独立した生活を行なう能力である自我の安定性を確かなものにした人というだけでなく，直接的な欲動の充足と昇華が情熱や幸福感をともなっている人のことです。分析を行なったことによってこのような結果が得られた人の夢をここではご紹介することにして，分析でそれが達成されなかった人の夢は含めないことにします。

「分析済み」の人も，「未分析」の人同様，あいかわらず夢をみます。分析が「無意識」を分析し尽すことはありません。欲動の駆動力（instinctual drives）は存在し続けます。根本的な幼児期の「願望」自体，生まれながらに有する欲動生活と同じように，無時間的なものなのです。「分析済み」の人の夢もまた，「未分析」の人の夢と同じく，内外からの刺激によって高められた不安を扱う心的試みなのです。夢は「分析済み」の人にも「未分析」の人にも同じ役割を果たします。夢の機能は，充足された幼児期の願望へと妨害を転換して眠りを守ることであり，夢の偽装は様々の夢のメカニズムによってなされます。その点においては，「分析済み」の人と「未分析」の人の夢にまったく違いはありません。無意識的願望は同じようにありますし，それらの願望を歪曲するメカニズムも同じで，それが自我と超自我，双方からの要請に応えるべく大幅に用いられます。つまり，違いがあるのは，夢の

メカニズムでも，基本的な無意識的願望でもないのです。

その違いの本質を検討し，ご説明するために，明確な例をお示しすることにしましょう。分析中の人の場合，肛門の機能や肛門的ファンタジーにかかわる幼児期の現実の出来事は，羞恥や怒りといった感情にともなわれています。そういうファンタジーや記憶にかかわる夢は，はげしく歪曲されていて，負荷の高い情動は強度を失っており，そういった情動が生じる理由が理解されるまでには，多くの分析的作業が必要となります。

ある「分析済み」の人が，分析前後での夢の変化の本質について話していて，こう言いました。「分析前や分析の初期段階だったら，先週見た夢は，たとえ偽装されていたにせよ，すごく大きな苦痛や不快を生じたでしょう。こんな夢を見たんです。〈**幼い子どもとして便器に座っていて大量の便を出した**〉[1)]。変化としては，まず，この夢が偽装されていないことです。第２に，わたしの情動が違っていること。朝，この夢を思い出して，わたしは内心この生真面目な子に微笑みかけました。で，その日はしっかり仕事をして，気分のいい真の達成感を味わいました」。

また別の「分析済み」の人は，もし分析前や分析中にこのぐらい重要な夢を見ていたら，翌日，一日中不快な感じになっていただろう夢[2)]を話してくれました。〈**彼女は小さな子どもで，豪華なドレスを見せようと部屋の中でピルエットしていた**〉[3)]という夢です。コメントは「夢の刺激になった前日の出来事がどれだかわかったら，その日１日は夢を思い出しませんでした。誇張ぬきで楽しい感じの日でした。夜ベッドに入ってから，一緒に夕食した人たちをずいぶん愉しませたし，おもしろかっただろうなと思って，そこで

1）［訳注］*"I was a little child sitting on a lavatory seat and producing a vast amount of excreta."*

2）［訳注］〈**大便の夢**〉とともに，夢の報告者が育った文化的背景（ビクトリア朝あるいはそれに近い時期のミドルクラス以上の家庭の文化。たとえば下着を 'unmentionable（口にするのもはばかられる）' などと呼び，女性の自己顕示を極端に嫌う）が窺われる。

3）［訳注］*"dream was that she was a small child pirouetting round a room to display a grand frock."*

夢を思い出しました」。

では「分析済み」の人の夢，3つめです。〈**X夫妻が離婚していて，成り行き上，唯一可能な展開は，わたしがX氏と結婚することだという夢を見ました**〉[4)]。夢へのコメントです。「夢を引き起こした刺激は，結婚している友人でした。A夫妻がわたしに花を贈ってくれたんです。夢の中のX氏はわたしより年上でした。彼は子ども時代のわたしにとって重要だった人で，明らかに父親代理です。幼児期の父親転移が花を送られたことで刺激されたんですね。それで，夢の中の両親的人物であるX夫妻を離婚させてX氏と結婚したいという願望が今日的にアップデートされて，A氏と奥さんを離婚させて彼の子どもを持つという無意識的ファンタジーになったんです」。「夢はどんな情動を引き起こしました？」と尋ねたところ，答えはこうでした。「不快な情動はなにも。刺激もわかっていましたし，夢の意味もわかりましたし。だから『あらまたいつもの古い話を最新の設定でやってるのね』という感じです。ショックでもなければ動揺することもありませんでした。A氏は魅力的な人なんですよ。あ，それはそうと『○○ジャーナル』の原稿できました。よくできてると思います。編集委員がアクセプトするのはほぼ間違いないのではないでしょうか」。この3つの夢は，コンテクストとそれにともなう夢を見た人の実生活ともに，「分析済み」の人の特徴を非常によく示しています。原始的欲動の意味するところは受け入れられています。反駁はありません。分析され，その結果やわらげられたのは直接の満足ばかりでなく，昇華の過程まで台無しにしてしまう超自我の厳しさです。身体自我と心的自我の，より完全な統合が達成されており，発達の諸段階はしっかり結びあわされています。たとえば，愛情に満ちた誇りをもって排泄機能を展開する小さな子どもは，無意識的なファンタジーにおいて両親へのすばらしい贈り物を作ろうとしているのですし，そういう基本的パターンが，大人が自発

---

4) ［訳注］*"I dreamt that Mr. and Mrs. X were being divorced, and that it could only have as its sequel that I should marry Mr. X."*

的に着手する活動で結果を出す力の基盤になっているのです。

第7章で言及した，精神的難聴にかかっていた患者は，分析の間，関心の真ん中にいたいという抑圧された欲望がさまざまに表現された夢をもってきました。当時，彼女は，現実には非常に内気で，自意識過剰だったのです。そういった夢を見ていた頃は，公共の食堂に入ることもできず，できるかぎりひとりで食事をしていました。分析するうちに原因が理解されたことで，過度の自己顕示欲はやわらぎ，結果的に，一方では自然な衝動を満足させうる回路を見いだすことになりました。後年，彼女は教壇でもくつろいでいられましたし，成人の学生の大きなクラスを前にしても困ることはありませんでした。

先にお話した「分析済み」の人の「露出」夢では，原始的な衝動が認識され受容されており，情動は心地よいものである一方，生き生きと楽しく会話するという昇華が無意識的に行なわれています。

「分析済み」の人だと，「エディプス」夢のあとでも，未分析で，ことに満足の行く愛情生活や昇華の作業を持たない人なら，なんらかのかたちで生じているだろう不快な葛藤を起こしません。先の例からもはっきりわかるのは，無意識的な幼児期の願望は不滅であるものの，その願望を現実に充足したいという幼児期の欲求，つまり，両親の表象である人たちを実際に離婚させるということは，もはや必須のものでなくなっているだけでなく，放棄されています。父親の子どもをもちたいという幼児期の欲望はすでに昇華されているのです。夢を語るとすぐ，完成した原稿の話に移って，編集委員が受け入れるだろうという見通しを語っていますが，そちらに差し向けられたエネルギーが自我理想（ego-ideal）と共存しつつ，幼児期の願望を現実のものとして，象徴的に充足していることがよく解ります。

というようなわたしのコメントからもすぐに，「未分析」の人とは対照的な「分析済み」の人の夢の一般的特徴や，それがそうなる理由はすぐわかります。

分析前に非常に多くの夢を見ていた「分析済み」の人は，分析の結果，夢の数が大幅に減ります。夢をまったく見なかった（というのは，思い出さなかったということですが）人や，稀にしか夢を覚えていなかった人は，分析中や分析後には，より夢にアクセスしやすくなります。夢が多いというのは，未解決の内的葛藤が非常に多いことを示しています。逆に，夢をまったく欠くということは，心的機械（psychic apparatus）の機能不全を意味します。「分析済み」の人は，自分の夢の中に，やがて生活の中で不可避的に経験することになる不安や感情的障害への鍵を見いだすのです。というのも，夢を使って，外的障害となる出来事を，無意識の欲動，欲望，ファンタジーなどと関連づけ，より高度にコントロールし，それにかかわる情動を適切に管理することができるからです。「分析済み」の人は，「不安」夢をまったく見ないか，ごく稀にしか見ません。悪夢はほとんど生じませんし，動物が現れ，夢を見ている人の動物的本性を表している夢というのも，まず見なくなります。

「分析済み」の人は，何度も繰り返される夢は見なくなるでしょうし，モノの一部を身体の一部として表現している，長いシリーズものの夢もみなくなるでしょう。夢は概して，分析前よりずっと短くなります。長く複雑な夢は，非常に美しいタイプの夢同様，稀なものになるのです。主な原因は，分析が，直接的な欲動満足についても昇華についても，現実において，より大きな満足を可能にしたことにあります。ですから，主に夢の中でものごとを達成していて現実には行なえないでいた人の場合，夜の楽しい夢は失うことになるかもしれませんが，現実の中で，実際に仕事をする際の制止が解除されているのに気づくことになります。

精神分析の過程の前と後で経験される夢の主な違いを述べてきましたが，「未分析」の人の夢は，「正常」な人の夢に相当します。

わたしの考える正常というものの大雑把な基準は，愛情と仕事と余暇がそれぞれちゃんとあって，通常の生活を送れるということです。が，このおおまかな基準は，精神的な安定度については色々な程度を含むことになります。最も安定した人の場合は，外的な災難に脅かされた時に，不快な夢として現れるような精神的ストレスを感じるという程度かもしれません。普通の人たちは，精神的にそれほど安定していませんから，もっと多く悪夢や繰り返される不安夢を見るでしょう。そういった夢は，目覚めている間に不愉快な感情を生じるものです。そうした夢はしばしば寝る前に食べたもののせいにされ，一方，日中の不快感は現実にあったなにか小さなできごとのせいにされます（つまり合理化されるわけです）。正常な人達の「不機嫌」，「気難しさ」，「いらいら」，「一過性の憂鬱」も，精神的に病気であると自認する神経症者のそれと同じ源泉を持っているのです。

「正常」な人の夢が，先に引用した「分析済み」の人の夢のように偽装されないままであることは稀です。顕在夢の内容を演出する夢形成の法則が，夢を生じさせた葛藤の真の源をちゃんと偽装するからです。

夢を分析することは，自我が反駁している情動や記憶に到達するために顕在内容を解体するという作業をともないます。圧縮されていたものを伸長し，感情は，移動されていた要素の発見によって解放され，象徴は本性をあらわし，抑圧されていた記憶やファンタジーは明るみに出されます。そのテクニックが「分析」と呼ばれ，それに関する治療が「精神分析」と呼ばれるわけですが，しかし，この「分析」が，「分析」に応じて総合（synthesis）を始動する「分析」にほかならないという事実をおろそかにすべきではありません。「分析」と総合は切り離せないのです。無意識の精神的材料を，表象可能なかたちへと形成する精神内部のメカニズムは，人が生まれながらに持っている精神的プロセスです。専門家による分析も，それを妨害することは絶対にできません。夢内容の分析，情動の解放，意識的な理解――これらは，その生まれもったプロセスの行使を，現実における心的自我の利益になるように精神生活のより広い範囲で可能にするのです。効果的な移動や象徴化が外的世界にむけて行なわれない限り昇華はありえません。精神分析的テクニックによるプロセスの中で夢を解体することは，内的な精神的諸力が新たな総合をもたらすことを可能にするプロセスの１つです。そのテクニックを精神分析と呼ぶことで，わたしたちは技術者（technician）の技能（art）に重きを置いています。が，暗黙のうちに，わたしたちは新たな総合が精神自体の内なる力によってもたらされることを認めてもいるのです。回復力は内部にあるものです。技術者は分析をもって，その力を無効にするいかなるものも排除するのです。

第10章　ある「最後の」夢

この本最後の夢として，ある女性が死の3日前に語った，実際に最後の夢になったものを載せたいと思います。彼女はこの夢を語ったあと完全に意識を取り戻すことはありませんでした。身体的苦痛が，主として慢性の病気のために生じていました，夢はこうです。〈**わたしの病気が集まってひとかたまりなるのが見えて，見ているうちに，それはもう病気ではなく薔薇になっていて，わたしはそれが植えられ，成長することを知っていた**〉[1)]。

この「最後の」夢については，ごく短いコメントをするに留めたいと思います。というのも分析家なら，大局的・個別的洞察によって，顕在内容から意味を見いだすことに困難はないでしょうから。

むしろ解釈ではなく，精神分析の実践におけるわたしたちの信念の元になっているものへの言及でこの本を終わりにさせてください。

今，夢をお話した女性は81歳でした。長い人生においてさまざまの運命にさらされてきた人で，そのどれもが，彼女ほどに安定していない人格であったなら，絶望をもたらしえたものでした。彼女の精神的機能が衰えることはありませんでした。老いてなお若い人たちと関心をともにし，より公正でよりよい人類の将来を約束する活動は，彼女の頭にも心にも訴えるところがありました。その中に精神分析もあったのです。この夢は，生にあっては，

1)［訳注］*"I saw all my sicknesses gathered together and as I looked they were no longer sicknesses but roses and I knew the roses would be planted and that they would grow."*

夢を見た人を支え続けてきた尽きせぬ希望の源であり，死にあっては，慰めの源となるものを明らかにしています。

薔薇が植えられ，そして育つだろうと知っているのはエロスだけなのです[2)]。

2）［訳注］メアリー・ジェイコブスは「シャープの文化的にジェンダー化された美学において，精神分析は母系的に引き継がれる遺産である。「最後の夢」はシャープ自身の精神の夢の母胎を提示している——先進的かつ精神分析的意識に富む老女として記録され，夢生活にいまだ慰めを見いだしている者として」と論じ，'rose' が 'Eros' のアナグラムであることを指摘している（Jacobus 2005)。なおジェイコブスの論文では，この老女は「83歳」とされている。シャープの母メアリー・アンは原著刊行の4年前に83歳で没しており，シャープはサフォーク州サドベリーのガーデンプレイス生まれ。メアリー・アンは「長い人生においてさまざまの運命にさらされた」人だった。

訳者解説——実用精神分析の模範演技

ノッティンガム州立公文書館所蔵『ゴールディング・スクラップブック』,「イニスフリーにて」シリーズより，中産階級女性の典型を演じるシャープ。ノッティンガム中心部の繁華街で育ったシャープ3姉妹は，郊外の丘陵地に一戸建てを構え，都市の喧騒に孤島の平和を聴きとるファンタジーを詠うイェーツの「イニスフリーの湖島」にちなんでか，家をそう呼んだ。写真は見習い教員センターの女生徒を招いた際の1枚。スクラップブックは，センターの廃校回避を期して，その中産階級的トーンをアピールする目的のもの。

著　者

原著 *Dream Analysis: A Practical Handbook for Psycho-Analysts* が80年も前に出版されたものである上に，エラ・シャープ Ella Agnes Freeman Sharpe（1875-1947）の邦訳は今回がはじめてとなると，著者についてのなんらかの説明が必要だろう。シャープの既存の伝記情報は少なく，互いに引用し合うような状況にあり，それをまとめたのが『オックスフォード人名辞典』の記載（Tayor 2004）にあたる。その線で話をまとめると，シャープは英国で戦間期に活躍したフロイト派の分析家で，サフォークに生まれ，ノッティンガムで育ち，父を早くに亡くして母と2人の妹を背負って立つべく，分析家になる前はノッティンガム周辺で国文学の教員をしていた。第一次大戦による教え子の死をきっかけに鬱状態や不安発作を生じ，ロンドンの医療心理クリニック（Medico-Psychological Clinic），通称「ブランズウィック」で精神分析治療を受けたことから分析家に転身（Boll 1962; Raitt 2004），英国精神分析協会の中核となり，教育分析も多く行なって分析家養成に貢献した英国初期精神分析界の重鎮だといえる。

その通りなら話は簡単なのだが，一応，裏を取ろうとすると，同世代の分析家たちのシャープをめぐる言及に誤認が多いのに気づかされ（たとえば「はしがき」のカーンも2行目で間違っている），現地に行けば次々と辻褄の合わない史料があらわれる。とはいえ表向きの経歴と事実の間に多少のズレがあるのはよくあることなのだろうという正常化バイアスはやがて維持できなくなり，シャープが経歴詐称と言える自伝情報の操作をしていたと結論せざるをえなくなる。教育史や社会史に照らすと，情報を操作する理由があるのだ。

精神分析は，特定の時期の特定の階層文化において成立した。シャープはその外側にあたる労働者階級に根ざしている。当時のイギリスの階級分化は，教育も階層で分断するものだった。たとえば，シャープが「見習い教員センター（Pupil Teacher Centre）」の共同校長職にあったことは既存の伝記情報中にも出てくるが，分析界の記述では，それがまるで中産階級の通う中等教育機関であったかに見える。そしてシャープ自身が「元見習い教員」だったことは出てこない。当時の教員養成が専門のイギリスの教育学者によれば，「それは分析界では言わないでしょう」とのことだ。公立の基礎（elementary）学校卒の若年労働者である「見習い教員」というのは，出身階層を明確に特定する情報だからだ（Edwards 2001; Widdowson 1980）。イギリスの初期精神分析界は，ブルームズベリーグループのような上層中産階級で，知的貴族階級とさえ言える集団と人脈の重なる，初等（primary）―中等（secondary）―高等（higher）教育は当たり前，高等教育は男ならオックスブリッジが主流という環境だ。一方シャープが通った基礎学校は，1870年に義務化された教育を「中産階級的モラルの押し付け」と感じる親も子もいて，労働争議に加わる親にならって子どもたちがピケをはってストをすることもあるといった世界で（ハンフリーズ 1990），就業をもって終わる教育を行ない，中等教育以上に接続しない。シャープは基礎学校終了時の選抜をへて見習い教員になり，その基礎学校で働きつつ，「見習い教員センター」という，後年，教育行政の保守化を受けて「本来そういう教育を受けるべきでない層に中等教育めいた教育を与えている」として潰されることになる定時制教育機関で学んだ（Simon 1965）。そして「メカニックスインスティチュート」を前身とし，学生のほとんどが労働者という「ユニバーシティーカレッジ」の，それも学士コースではなく，付属の2年制教員養成カレッジで職業教育を受けて教員になった（University College Nottingham 1995; 1896; 1897; Wardle 1971; Wood 1953; 真壁 2016）。ブルデュー的に言うなら，自身の家庭にはない文化社会的資産を学び取らねばならない階層から，よりによってブルジョア的な分析界にきた異物だ（ブルデュー 1997）。

異物感は漂っていたのかもしれない。フロイトの英訳標準版（スタンダード・エディション）の編訳で知られるジェイムズ・ストレイチーは，妻アリックスがベルリンで分析中，ゴシップ満載の手紙を交わしていたが，アリックスはクラインのイギリス講演を前に，講演原稿の英訳者候補としてシャープの名をあげつつ，「（あのひといったいだれ？ Who *is* she?)」と書き添えた（シャープは結局，この翻訳をしていない。教員養成カレッジでドイツ語を履修しておらず，それ以前にドイツ語を学ぶ機会はなかったはずだ。ちなみに原著初版でのランク＆ザックスからの引用文献は，脚註でも参考文献表でも'Giesteswissenschaft' と誤記されており，改定時に文献表のほうだけ修正された)。既存の伝記情報でシャープが3年間学んだことになっている「ノッティンガム大学」については（実際に学んだのは本体ではなく，付属2年制教員養成カレッジだが)，今度はジェイムズがケンブリッジ発のゴシップとして，ドイツの性科学者ヒルシュフェルトについて「気の毒に，ノッティンガム大学のポストをもらって（そんなとこがあるなんて知ってた？)」と書いている（Strachey & Strachey 1985)。ブルームズベリーグループの中核をなす文化的超エリートたる夫妻の目には，籍をおくことさえ気の毒なような無名の教育機関にしか映っていない。その手紙はシャープが付属カレッジを卒業して30年近くたって書かれたものだが，ノッティンガム大学はまだ「ユニバーシティー」のステータスを持っていなかった。

「われわれはビクトリアンだ」とフーコーは書いたが（フーコー 1986)，たしかにわたしたちはどちらかといえば，分析界のような特殊環境に同一化してしまっているのではないだろうか。そのため，その外からやってきたシャープを説明しようとすると，わたしたちにとっても外部にあたる社会・文化・家族・教育・福祉をめぐる話をすることになる。たとえば父方のシャープ家，母方のフリーマン家はともに，「非国教徒のハブ」と呼ばれたサフォーク州の，周辺地域でもことに貧しい町ヘイバーヒルで織物業に従事する労働者階級だった。父フランク・シャープは町を代表するガーティーン社の工場裏手，いまでは潰されてなくなった裏通り的サイズの，当時の地図と国勢調査を照合するとかなり住環境が悪かったはずの通りで育ち，10歳のときには学校を離れて「silk minder」として絹職工であった親の手伝いとみられる職業についていた。母方は居住地区からして若干暮らし向きがよさそうだが，やはり労働社会階級で，母メアリー・アンは一族の中でもいい地区に住んでいた伯母エミリー・ウェブの家（おそらく本書に出てくる「4柱ベッド」のある家）で育ち，20歳のときは「factory machine hand」（メトニミーの例）をしていた。1872年，21歳同士で結婚した両親は，シャープが生まれた75年には鉄道沿いに近隣のサドベリーにおり，同じ区画に数家族いたヘイバーヒルからの移住組とともに，そこで職工を続けるかに見えたが，結局，関税協定と機械化のために賃金の下がった斜陽の織物産業を捨て，工業都市ノッティンガムが導入した最初のトラムの発着点となる中心部広場に面する「ザ・トラム・カフェ・タバン」で，1870年代後半にピークを迎えたテンペランス運動に連なるコーヒーハウス運動を足場に飲食業に参入する（Nottingham Café Company Limited 1877; Bellhouse 1880）。交通網がすなわち情報網であり，飲食の形態を大きく変えたこの時代，コーヒーハウスは中産階級の啓蒙心と労働者階級の上昇志向が商業性をもって出会うハーバーマス的「ポライトネスの空間」のフロンティアであり（Nicholas 2009）……といった話にこれ以上踏み込むと，本書『夢分析実践ハンドブック』の読者の興味から外れることになるだろう。

重要なのは，「中産階級」というのが自己意識によって規定されるものでもあり，シャープ家が，それを利して労働者階級から自らを切り離そうとする「上層労働者階級≒下層中産階級」をターゲットとするテンペランス運動に連なったこと（Harrison 1971），シャープ自身，それと同一の層から成る見習い教員として，ジェンダー化された「中産階級」の「風（tone）」を，強い監視下で職業的に装うべく求められる場で成功したこと，そして基礎学校教員界のエリートになり見習い教員センターに引き抜かれたが，先述の教育行政の保守化によって一方的にその将来を絶たれたことだ（Robinson 2003）。それも当時未婚必須だった公立学校女性教員の職にあって，中年になって未来を絶たれた（滝内 1994）。しかしそこからシャープは見事に浮上し，ブルジョア専門職といえる分析家に成り上がる。そのときシャープは自身のアイデンティティーを作り変えた。まるでアガサ・クリスティーの小説に次々と現れる大戦の混乱に乗じてアイデンティティーを作り変えた人物のひとりのように[1)]。「早くに父を亡くし，母と妹を背負って教員の道に」という零落中産階級女性，またはそれを演じようとする女性の決まり文句に「オックスフォードを諦めてノッティンガム大学へ」と付け加え（当時のノッティンガム大学の学士課程からオックスフォードへの進学は現実的でなく（Wood 1953），そもそも教員養成カレッジから学士課程への編入さえ困難だったのだが（Worthen 1992）），「シェイクスピアを読む父の足元で遊んでいた」という幼児記憶を持つ，中産階級的「分析家シャープ」像を作り出して演じた。現実の父親はシャープが34歳のときワークハウス，すなわち労役所で死んでいる。19世紀末に医療福祉施設化が進んだインファーマリー部門ではなく（川田 1997），ワークハウス部門だ。新貧窮法下のイギリスにあって，夫／親の扶助の義務は家族にあったが，国勢調査を追うと明らかに母親主導だとわかるこの家族は，すでに経済力があったにもかかわらず扶助を行なわず，フランクはワークハウスに赴き，肝硬変で死んだ。アルコール中毒だったのだろう（Burnett 2013）。当時，上層労働者階級の世代間で見られたタイプの見捨て方が，シャープ家では家族内で生じたといえる（Harris 1993）。母と生涯未婚を通した三姉妹は，飲食業と教員としての成功と不動産取得によって，夫／父親を見捨てて見事，中産階級に成り上がり，長女はブルジョア専門職で重鎮になり，母メアリー・アンは南東部海岸沿いの高級住宅地で少なからぬ遺産を残して83歳で亡くなった（おそらく**〈最後の夢〉**の女性）。シャープ一族には都会に出た家族もヘイバーヒルに残った家族もあるが，一族を見渡してもシャープ家の女性陣の上昇は例外的で，同じく夫／父フランクのワークハウスでの死も例外的だ，とだけ言っておく[2)]。

1）母メアリー・アンの最晩年の家は，クリスティーの代表的キャラクターであるミス・マープルにちなんでか「メアリーズミード」と呼ばれた。母の没後，3姉妹はひとり亡くなるごとに近所で少しずつ小さい家に引っ越すが，行く先々の家を「メアリーズミード」または「メアリーミード」と呼んでいる。

2）なお，シャープの勤めた見習い教員センターからストラットフォードのシェイクスピ同時に言っておかなくてはならないのは，シャープの経歴詐称は，分析家としてのシャープやその著作の価値を下げるものではなく，むしろ，生前すでに「古めかしいフロイト派」に見えた分析家シャープの実践を理解する手がかりになる。「理論家というより実践家であった」と言われるシャープは，本書でも例示に終始するが，真偽を超えた次元で演じられた「分析家シャープ」は，シャープの分析実践の生きられた例だ。理論として語られないまま，解釈のスタンスとして堅固な一貫性を持つシャープの理論は，その理論に基づく恐ろしいほどのプラグマティズムに貫かれた分析の模範例として「分析家シャープ」を擁していたのである。

著　作

理論化を避ける「例」の人

シェイクスピア好きで知られるシャープは，1916年に41歳でロンドンに上京してから1947年に亡くなるまで，ロンドンでかかったシェイクスピアはすべて見ていたのではないかともいわれる（Wahl 1966）。「全人類共通の感情を扱うときも，それがひとりひとりそれぞれのセッティングの中で果てしなく主張してくることへの興味は尽きることがありません」と本書でも語るシャープは，同じ戯曲の上演を何度でも楽しむように，原型的情動を扱う分析でも，現実における個々の上演に関心を向けた。シャープの興味は，同じ情動が次々と設定を変えて無限のバリエーションとして演じられる「パフォ

ア祭に行ってファンになった元生徒が，1915年に戦死している。翌16年，「バイロイト対ストラットフォード」という構図で戦時利用されたシェイクスピア没後300周年祭が山場を越えた6月，シャープは病気のために休職して分析的治療に入り，休職期間の延長を重ね，そのまま17年7月末付で退職，秋には分析家訓練コースに入っている。生徒の死が引き金になった精神的不調が元で分析の道へという既存のストーリーも成り立つが，見習い教員センターの廃止と中等教育化，それに伴う教員大卒化（シャープは大卒でない）という，目前に迫ったエリートとしてのキャリアの途絶が転職の最大の要因だったと見るべきだ。

ーマンス」としての個々の例にあって，逆に個々の例から一般的な理論や定式を引き出そうとする理論化にはなかった。本書で「類型的象徴」の説明を一瞬で終えて「個人的象徴」の例に向かうのは偶然ではない。シャープのこの指向は一貫しており，みずから，1930年の連続講義‘The Technique of Psycho-Analysis（精神分析の技術）’の中で，こう宣言している。

> 一般化してお話しすることはできませんし，具体的な事例に適用しうる一般的処方をお示しすることもできません。が，具体的な例をお示しすることならできます。そこから，みなさん御自身の経験を相互に比較・対照しうるガイダンス（見本）として有用ななんらかの推論が引き出されうるかもしれません（Sharpe 1978（1950））。

シャープは理論化を避けた。生前唯一の著書にあたる本書も，副題通り「実践ハンドブック」である。それも「精神分析実践ハンドブック」ではなく，「精神分析家（複数形）のための実践ハンドブック」だ。前述の状況により，シャープをめぐっては多少の情報のズレには驚かなくなったつもりでいたのだが，先日，本書カバーデザイン案で *Dream Analysis: A Practical Handbook of Psychoanalysis* となっていたのに連動して，版権を持つカルナック社が自社サイトでそのタイトルを掲げて販売しているのを見たときは驚いた。開けば扉には正しい副題が刷られているのだろう（訳者の持っているKindle版がそのパターン）。このぐらいで驚いているようではシャープの話をする資格はないのかもしれない。しかし，この副題は，‘for Psycho-Analysts’でなくてはならない。シャープが意図したのは，個々の使用者を想定したハンドブックであって，抽象化された「分析」のハンドブックではないからだ。

その指向性で書かれ，その旨を伝える副題を持つ本書は，長年，着実にその機能を果たしてきた。1934年と1936年に英国精神分析協会で分析家訓練生向けに行なった連続講義をもとに，1937年にホガース・プレスから刊行され，増刷を繰り返し，1978年，死後30年をへてマスード・カーンの「はしがき」を加えた新版になり，その際，巻末の参考文献表に乱暴な変更も加えられたが[3)]，さらに増刷を重ねて，「これほど絶版にならずにいた本もめったにない」と言われるフロイト派精神分析の安心と信頼のロングセラーになった。

もっとも，それには本書第3章の冒頭でシャープが語る「夢分析」の地位低下と，2度の大戦をへて，週5回・長期にわたる分析という有閑階級型分析実践の維持が難しくなったという事情もある。つまり原著が80年間ロングセラーでありえ，フロイトの『夢判断』に次ぐ夢分析マニュアルとまで言われるのは，同等の質と量の分析実践経験に基づく後続の本を出すことが現実的に難しい状況になったからこそとも言える。ポジティブに言い換えれば，本書は夢分析黄金時代の知見の積み重ねの上で，今となってはほぼ再現不能の条件で，ひとりの分析家が質・量ともに揃った実践を行ないえたがゆえに，夢分析の黄昏の輝きを書き留めることに成功した貴重な本なのだ。イギリスの，ある時期のある種の階層の日常が，乳幼児期に遡って詳細に語られる史料としての価値も見落とすべきではない。

反面，理論化への意志を欠き「例」に徹したことで，原著はしばしばフロイトの *Die Traumdeutung*（1900）の「入門者向簡略版」とみなされ（衣笠 1991），

---

3)　改版時の Bibliography の主な変更は以下の通り。（本の記載は初版の通り）

【削除された3冊】

Bradley and Seeley: *English Lessons for English People.*

（シャープの誤記。著者は Abbott, E. A. & Seeley, J. R. で 1871 年初版）

Croce, Benedetto: *Æstetic.* 1929.

Steward, Lincoln: *The Dream in Primitive Cultures.* 1935.

【追加された2冊】

Groddeck, George と Lacan, Jacques。

【翻訳が変更されたもの】

元）Freud, Sigmund: *The Interpretation of Dreams.* Translated by A. A. Brill. 1932.

（Strachey 訳のスタンダード・エディションへ）

【原著書誌情報の修正・追加，および英訳の追加】

Rank and Sachs: *Die Bedeutung der Psycyoanalyse für die Giesteswissenschaft*（ママ）.

後述するラカンの引用経由で「修辞法をフロイトの夢理論に重ねた」とフロイト - ラカン的枠組に遡及的に組み込まれもした。そしてシャープ自身が語ろうとしなかった理論は問われず，地味ながらもロングセラーになったわりに，著者の知名度は低い。

シャープが死んだ時期も悪かったのだろう。原著刊行の2年後の1939年にフロイトが亡命先のロンドンで没すると，理論的相続をめぐって，クライン派とアナ・フロイト派の間で分析協会を二分する数年がかりの「論争」が闘われることになった。舞台はロンドンだが，亡命ユダヤ系分析家が加わった，「排他的にとまでは言わないが，ほぼドイツ語話者から成る2つのグループの隙間に，第3の，当初は消去法によってのみ定義されえた，主に英語で話すグループがあった」（Rycroft 1985）という構図で，シャープはその第3の「ミドルグループ」，別名「インディペンデント」だった（King & Steiner 1991）[4]。「論争」の覇者クラインは対象関係論の繁栄を築くことになり，アナ・フロイト派は亡命分析家の波に乗ってアメリカで自我心理学等にも展開してゆく。いずれにも属さない一世代下のウィニコットやボウルビー[5]らが，戦後，各々の道を歩むような時間はシャープにはもうなかった。記憶に残ったのは，生前すでに「臨床家としての腕はいいが，解釈が古い」と映った姿だっただろう。50年代に分析協会で訓練を受けた分析家は，「論争」で瓦解しかけた協会が，そのトラウマを語りうるところまで快復してい

4） シャープを「クライン派」とする紹介例もあるが，おそらくラカンがクラインとシャープをくくっているために，ラカン経由で築かれたシャープ像だと思われる。1991年に「論争」を大量の一次史料で辿った決定的大著 *The Freud-Klein Controversies 1941-45* が刊行され，「論争」中のシャープのスタンスが明らかになり，「ミドルグループ」としての位置付けが確定した。

5） ウィニコットはシャープのスーパービジョンを受けたが，「論争」時点ではクライン派で，後に徐々に独立（King & Steiner 1991）。ボウルビーもクライン派の教育分析を受けたが，当初からクライン派の理論に馴染まず，戦後は分析協会で要職を勤めつつエソロジーの方角に展開し，やがて協会と袂を分かつ。ボウルビーもシャープのスーパービジョンを受けており，後年，自身スーパーバイザーをするにあたって，「ほとんどシャイな様子で」本書を勧めたという（Issroff 2005）。

なかったがゆえに，「論争」の存在自体を教わらなかったという。夢分析という凋落傾向分野の，理論的にとらえどころのない，生前から古めかしく見えた分析家について語り継ぐ状況ではなかっただろう。

死後，論文集（Sharpe 1950）は編まれたが，シャープのささやかな名声は，むしろ1959年にラカンが本書第5章「犬男」症例を大幅に引用したことによるだろう（Lacan 2013）。カーンは2ページにも満たない「はしがき」で，フロイトとラカンを言語で結ぶ橋としてのシャープ像を提示し，それはかなりの規定力を持ったように見える。だが，ラカンの引用から半世紀以上，カーンの「はしがき」からは40年近く，刊行から80年をへて本書を読むと，カーンのアジテーション以上にシャープの言語学的アプローチが先進的であり，フロイト - ラカン理論の枠組には吸収されえないものだと冷静に評価できるはずだ。シャープはラカンが依拠した言語学よりも，はるかに現代の認知言語学に近い分析家だ。

認知言語学的シャープのメタファー論とフロイト派とのズレ

シャープがフロイトから踏み出したのは「例」をもってであって，理論によってではない。分析理論といえるシャープの著作は，1930年の「昇華と妄想」，35年の「純粋アートと純粋科学」，37年の「教訓譚」（後述のリトルのエピソードが出てくる），そして40年の「言語において暴かれる心身問題：メタファーの検討」で，あとは1930年の連続講義録「精神分析の技術」と，本書の特に第6章など「理論を垣間見せる箇所」だろう。40年の論文は，精神分析におけるメタファー論ではしばしば「起源」的な扱いで先行研究として言及されるが，言及に留まって内容に踏み込んだ検討がなされないのが「特徴」のようだ。

本書第1章では，各種レトリックがあげられるが，メタファーの扱いは別格である。シャープはまず「紅雀のごとく，うたわずにはいられない歌，吹かずにはいられない笛」とテニスンから入って，「のごとく」を抜いたものがメタファーだと説明し，「日常生活で使っている言葉の非常に多くがメタファーです。手で触れないもの，目に見えないものは，手で触れる，目に見えるものの関係を通じて描写されます。精神的，道義的な状態を表現する言葉は，心と体の間のアナロジーに基づいています」と続ける。「メタファーは，身体を介した類似に基づいて，日常的に使用される」と要約しうるこの指摘は，当たり前のように響くかもしれないが，メタファー論の歴史に照らすと驚かなくてはならない。

シャープは先進性を自覚している気配も見せないが，そこであげている 'a striking thought'，'a wealth of knowledge'，'food for thought' その他の例や，40 年の論文に出てくる例はいずれも，1980 年にレイコフ＆ジョンソンが『レトリックと人生』で，それまで長らく詩的・修飾的な文彩とみなされてきたメタファーを，「身体的な認知経験がメタファーの基盤である」と指摘して「革命的」（西村 & 野矢 2013）とされたときに用いた例と同質で，当然，主張も一致する。本書のシャープは試験的に「詩的語法」を夢に適用「してみる」のではなく，メタファーが日常的な表現や行為にまで及ぶのは当然とみなして解釈に使っている。理論化への志向を持つひとなら，1940 年の論文１本ではなく大著にしたところだろう。

40 年の論文では，「メタファーは，身体の開口部がコントロールできるようになってはじめて言語や芸術において展開しうる」と，さらに大胆な提案がなされるのだが，それにもかかわらず，メタファーの身体性をめぐる「説明」としてまとまった記載を探しても，該当する箇所が見当たらず，強いて言えば「身体の開口部がコントロールされえてはじめて，乳児の生活における怒りや喜びや欲望はメタファー的表現をみいだし，物質的でないものが物質的なかたちで表現されうるのであり，すべてのアナロジーは，精神と身体を結ぶ地下通路の上に成り立っている」という指摘に留まる（Sharpe 1940）。そこでもシャープが使うのは「例」だ。排泄に失敗する子どもに苛立つ母親に対して，父親である夫が「そりゃあ当然，腹も立つけれど，怒っているのを子どもには見せないようにね。腹が立ってもそれは隣の部屋にいくまでこらえて，そこで出せばいいと思うよ」という例をあげて，ねっ，という感じで通り過ぎてしまう。

この態度はシャープの「理論」を曖昧なままに留めることになったが，少なくともシャープにおけるメタファーの大前提は，本書第1章で語られ，1940年の論文で展開される「言語自体が‘implied metaphor（暗喩）’なのだ」だと言えるだろう。言語獲得以前の子どもが泣き，叫び，漏らす等，コントロールしきれない開口部をもって表現した情動が，コントロールの獲得とともに，‘implied metaphor’にあたる言語による表現に移行すると。この大前提ゆえ，シャープにとっての‘implied metaphor’と’metaphor’は本質的に差を持たない。原著に‘metaphor’と‘implied metaphor’が出てくるのは，おそらくシャープがそのとき参照していた本の表記に引っ張られてのことだ。たとえば原著改版時に削除された参考文献の1つ，名門中等学校長による教員向け国語のテキストの80節は，‘Implied Metaphor the basis of Language.（言語の基盤たる暗喩）’と題され，「我々の日常言語の大きな部分を占める，不可視のものの関係性に関することは，すべて暗喩から成る」（Abbott & Seeley 1871）と始まり，今なら念のために引用として扱うかもしれないという程度にシャープの表現に似た記載や同じ例が出てくる。このテキストのはしがきには，「国語」は学校で教えるべきものなのかとの議論が続く中，テキストやマニュアルがなくて教えられないとの現場の声は高まり，時間が許せばより学術的かつ包括的な本を出したいが，さしあたり求められるのは実用テキストであるとの判断から刊行に及んだとある。改版時に参考文献表から削除されたところを見ると問題を感じた人がいたのかもしれないが，シャープは，自身の理論の根にあたる部分が，国語教員のさしあたりのニーズに応える実用テキスト通りでいっこうに構わなかった。

理論を語らないシャープの認知言語学的実践は，当時のフロイト派には類型的象徴の軽視と映った。先述した，シャープが「類型的象徴」の説明を一瞬で終えて，足取りも軽く「個人的象徴」に向かうところは，本書のひとつの華だと思うが，フロイト派から批判されずにはすまなかった。「なぜ顕在夢を読むのか」とも言われた（Reik 1938)。その後の夢分析の展開からすると，それもありでしょうというところで，フロイト自身，あれほど夢の多重決定性を語っておきながら，顕在夢のレベルだけは解釈から除外するというのがそもそも不自然だとも言えるが，フロイトには「夢占い」と決別する「科学」たる精神分析の旗手として，夢には「潜在思想」があり，それは読めるというだけでは足らず，「顕在夢」を斬るパフォーマンスが必要だったのだろう。加えて，自身の状態を夢内容にそのまま転記するような「機能現象」型の夢をあまり見ないというフロイトの資質も影響しただろう。シャープは「こういう夢は多いのです」とさらりと言い，「パフォーマティブ」な夢の存在と扱い方を教える。シャープの資質と，フロイト派としての政治的配慮から自由でありうる無名性が揃って可能になった展開だ。

ライクは書評で丹念にフロイト派とシャープのズレを明らかにしてゆき，「終結間近」，あるいは「分析済み」の人の夢については，そこで分析終結としてよいのかと驚いているように見える。シャープが「終結間近」，「分析済み」というのは，主に夢を語るモードによるが，たしかに，第8章の終結を持ち出す教育分析のアナリザンドの語りが精神分析的きれいごとを並べたようにしか見えない，あるいは第9章の「分析済み」の人たちの語りの凡庸さに辟易するという人もいるだろう。だが，シャープは，仕事と愛情と余暇が揃っていて社会生活を無事に送れればそれでよしとする。分析の目標は，社会への幸福無事な再適応で，たとえばラカン的「現実」との出会いなどは問わない。

そのため，ラカンは引用に際して，シャープの分析の目的を問題にせずにいられなかった。「犬男」のセッションの後日談として，テニスコートで対戦相手の首をふざけて絞める行為が語られるが，この行為をシャープは歓迎し，ラカンは歓迎するシャープを批判する。ラカンは，症状のこうした行為への翻訳を，精神分析として許せない（Lacan 2013）。だがシャープは確信をもって容認する。「外的現実に依存しての均衡より，内的均衡の方がよい」と言いつつ，分析外の「現実」へとファンタジーを逃がし，演じて無害化する回路を作ることも，実用的効果としてあっさり受け入れるのだ。シャープの臨床は，ファンタジーや欲望が演じられる舞台を見る「主体」の位置を，現実への適応において最適化しようとする徹底的にプラグマティックなものだ。そうでなければ，教員としての前半生の舞台の崩壊という状況から，ザックスによる分析をへて立ち直り，経歴を適宜歪曲して構成した「分析家シャープ」として楽しく働き続けることはできなかっただろう。

1959年の引用については，当時，実践をめぐって国際精神分析協会から睨まれていたラカンが，絶対的フロイト派といえるシャープをもってきたとの見方もあり（Lauth & Méchinaud 2007），そこでマイナーな古典フロイト派の物故者シャープというのは見事な選択だと思うが，シャープの記録の質を買っていたのだろう。ラカンはシャープの修辞法による解釈がどうというより，シャープの臨床記載を元に自説を語るモードだが，結果的に無名のシャープをラカンの言語論に引き寄せることになり，カーンの「口添え」もあって，シャープが修辞法における「メタファー / メトニミーの2軸」とフロイトの夢理論における「圧縮 / 移動」を重ねたという誤解も生んだ（たとえばFlanders 2005）。本書を読めばわかる通り，シャープ自身はそういう理論化はしていない。シャープの解釈実践は，スタンスの新しさと「いかにもフロイト派」という解釈のギャップが激しく，そこを理論的に埋めようにもシャープ自身の理論的主張が薄い。一方，解釈の古めかしさは目立つ。そのため「メタファーを解釈に利用した最初期の人物だが，いかんせん古い」といった扱いになりがちだ（たとえばArlow 1979）。理論化よりも個々の例に沿って考えようとする，正しく認知言語学的なスタンスが，シャープを論じられることからも遠ざけてきたといえる[6)]。

6) その中で，シャープの記録を借りて自説を論じるモードとはいえ，喋った量が多いだけにラカンはシャープに触れているほうだ。ミドルグループとしてのシャープのメタファー論とのつながりや文学への分析の応用といった側面を描いたRayner（1991）もいるが，「シャープ論」としては，シャープにおける身体の扱いを「ポリティクス」として論じたJacobus（2005）が例外的に本格的に映る。

臨　床

「エラ・シャープは理論家というよりまず臨床家だった」（Wahl 1966）というのは，したがってまったくもっともで，シャープの臨床的現代性や鋭敏さは，臨床家としてのシャープへのオマージュといえるウィーラン編の *Mistress of Her Own Thoughts*（Whelan 2000）では，クライエント中心，臨床場面の記述などをあげられ，最初期の逆転移の利用も指摘されている（Etchegoyan 2005）。イギリスの分析家には「お手本はシャープ」という人が今もいて（Whelan 2000; Rayner 1991），シャープの臨床のどこがそんなに？と尋ねると，テンポ，外的現実重視，クライン的「よい・悪い」の持つカトリック的原罪感がシャープにはない，といった答えが返ってくる。

クラインと活動時期の重なるイギリスの分析家について，クラインの影響に触れないわけにはいかないだろう。前半生を教員として過ごしたシャープは，当時の児童分析家の誰より，子どもの観察をしていたかもしれない。しかし分析家に転じると，一時はクライン派と見られつつも，「流行」の児童分析ではなく，大人を対象に「黄昏」の夢分析を中心に行なった。本書の講義でシャープは2回クラインに言及している。児童分析におけるプレイと，大人の分析で演じられる転移を同質のものと捉える上で，クラインは確実に支えになっている。クライン派の概念は，講義中，説明もなくたびたびあらわれ，シャープは索引項目にする必要も感じていない。クライン派の概念を使っていることをもってクライン派とするのは，当時の英国精神分析界が，フロイトの怒りを買うほどクラインの浸透した世界だったことを考えると，無理がある。

シャープの関心は，クライン派が追求した乳児の世界のありようではなく，現在の大人について，個人の歴史の積み重ねが個人的な言葉のネットワークや個人的辞典を作り出していることを前提に，ファンタジーと現実をぶちぬくそのネットワーク上で，いかに行為・症状・夢・言表が織り成され，表れるかにあった。第6章の脚註で触れた，「エラ・シャープの精神分析への関心のありようをたどってみると，初期には無意識的なファンタジーに焦点がおかれ，後年，乳幼児期の経験が人生のさまざまな段階で反復されることを特別の明敏さで見ていたことがわかり，非常に興味深い」（Payne 1947）というときの「反復」はフロイトに遡る問題系だが，シャープは現実とファンタジーが言葉のネットワーク上では地続きであることを利して，現実への関連付けを行なうことで，有害な反復を現実へと逃がし，やがては解消しようとしている。「論争」での発言を見ると，そのシャープの「外界」と，クライン派が「自分たちも外界は見ている」と主張するときの外界は，シャープに言わせれば「クライン派が欠く量的ファクターがある」という意味で違うだろう。シャープが患者の言葉を借りて，「乳房に戻りたい」のではない，乳房を含む世界の背景がシーンごとに少しずつ変わってゆき，やがてまるで違うものになってしまったところで「元のセッティングに戻りたい」のだ，というように（King & Steiner 1991），「乳房」として抽象化された決定的・類型的象徴には還元されえない，ある個人が見てきた背景としての歴史的現実の細部を含む「外界」なのである。それはシャープが理論化に背を向けたこととも，死の前年に“A Note on the Magic of Names（名前の魔術をめぐる覚書）”で，クライン的「よい・悪い」という抽象化された曖昧な言葉の持つ危険性を指摘したこととも一致するスタンスだ。

クラインは，理論のために臨床に臨むこともできる人だった。たとえば1941年，のちに『児童分析の記録』となるリチャードのケースにとりかかった直後，ウィニコットへの手紙にこう記している。「10歳になる非常に変わった男の子の分析を一月前にはじめたところです。自分の解釈も含めて，このケースについては完全なノートをとっています。完全なノートにすると，毎日1時間半から2時間はとられて，まあたいへんではあるのですが，その価値はあります。わたしたちが多くの人に分かってほしいと思っていることを，これでかなり示せるでしょうし，抑鬱に関する知識からテクニックの進歩も示せるはずです。とてもいい論文になるだろうと思うと非常にうれしいです」(Grosskurth 1988)。実際，それは精神分析における名著になった。理論化への明確な意志をもって臨床に臨むクラインであればこそ見いだしえたもの，引きだしえたものがそこにはあり，それはシャープには欠けていた。

シャープの「ドラマ化」の射程

とはいえ，シャープには「理論」として語ろうとしなかった理論が確かにある。それは，「例」の背後に立ち上がってくる種類のもので，ここを読めばわかるというふうには書かれていない。しかし，キーワードは「ドラマ化」になるだろう。「ドラマ化 (dramatization)」は，シャープが巻頭であげたジョーンズの *Papers on Psycho-Analysis* に入っているフロイトの夢理論紹介で，『夢判断』の 'Darstellung' にあてられた語だ (Jones 1961 (1912))。ジョーンズのこの紹介は上手いというだけでなく，「移動」の方法としてシネクドキやメトニミーが使われることを指摘しており，修辞法と夢理論を関連付けた点でシャープに先行している。修辞法による解釈というアイデアは（謝辞で特に感謝の意を表している）ジョーンズ発なのかもしれない。それはさておき『夢判断』初版の「表現可能性への顧慮 (die Rücksicht auf Darstellbarkeit)」のセクションで，「たいていは視覚的な」表現可能性への顧慮として言及されていたものが，シャープにとっては，子どもの遊び，夢におけるドラマ化，面接室での転移の上演，症状の反復，習慣的になった行為，さらに乳幼児の身体機能の外界への「投影」までカバーする概念として使われることになる。一方，フロイトは初版のこのセクションでは数ページで終わらせた「象徴」に，1914 年の第 4 版では独立したセクションを与えるまでになる。夢の「表現可能性」としてフロイトが「象徴」に向かったとすれば，シャープはそれに背を向け，たとえ象徴であっても，個人の経験に基盤を持つ「個人的象徴」が，夢やファンタジーを「演じる」要素になるという理解で「ドラマ化」に向かったといえる。

シャープはドラマ化を「荒っぽく言えば，夢のメカニズムが潜在内容から発展させたものの顕在夢における表現 (representation) だと言えます。映画のフィルムが各人の私的・内的映画館で上映されているようなものです。［中略］夢におけるドラマ化は，詩的言語に添えられる挿絵のようなもので，具体的なイメージによる思考への先祖返りなのです」（傍点訳者）と説明し，「挿絵」，「具体的なイメージによる思考への先祖返り」というフロイト的言い回しに「映画の上映」というメタファーを加えた。そして再度フロイトを引いて，投影の起源を「刺激を内部からではなく外部から作用しているとみなす傾向」だと指摘し，「不安を投影してマスターし，刺激をコントロールしようとする精神内部での主体的な試み」として，子どもの遊び・夢でのドラマ化・面接室での転移の上演・日常でのドラマ化から症状としての表れまでも地続きの「ドラマ化」とみなした。そして言語獲得以前の子どもの身体感覚が「あらゆる可動式機械」に投影されるといった例を報告するとき，シャープはすでに抑圧を前提とするフロイト理論の枠を出て，発達言語学やジェスチャー研究につながる観察をしている。本書はペニスに乳房に陰部に排尿にと「いかにもフロイト派」の言葉に満ちているが，シャープがそこでやろうとしているのは，象徴化によって「質」に還元されたそれらを，「量」の要因のある個々に具体的な「外界」に置き直そうとすることなのだ。固定的反復を解くために必要な具体的なセッティングを「ドラマ化」で招こうとしているのである。

シャープは見習い教員として，十代前半から「よい性格，よい「トーン」へのしばしば強迫的なこだわりは，明らかに外部の中産階級のものである価値観と，見習い教員がある種のキャラクターに収まるようにという期待に結びついていた」（Robinson 2003）という中で中産階級的トーンを演じ，中産階級的価値観に過剰適応していた公立学校教員界で出世し，見習い教員のお手本になるべき女子部校長相当（正式には「校長」の肩書きはないが）になり，中産階級的女性像をプロパガンダ的に使いもした（Hucknall Torkard P. T. C. 1912）。シャープは分析界では「おとなしい」，「いい人」，「シャイ」という印象を残し，晩年のシルビア・ペインは「イギリスの初期分析界で最も直感にすぐれた分析家は」と訊かれて「シャープ」と即答し，退屈でもあったけどと付け加えたという（Roazen 2003）。そのペインは，シャープの追悼文に「女優にもなれたでしょう」と書いている。「ドラマ化」を展開したことと，シャープ自身の職業的演技経験は無関係ではなさそうだ。

シャープがもっとも認知言語学に近づくのは，**〈三つの火の夢〉**と，**〈run（排尿／走る）する夢〉**だろう。シャープは夢の語りに，認知言語学でいう「主体化」をはっきり見た。転移が演じられる「舞台」としての面接室は，認知言語学の「ステージ理論」のように見られている。そこで「上演」される転移に基づくファンタジーの中で，シャープは「振られた役はなんでも受け」てステージに上がる俳優であり，ステージを眺める演出家であり，観察力に優れた記録者であり，転移の糸を辿って現在と過去をつなぎ，最終的にそこで紡ぎ出される物語の糸を患者に「返す」狂言回しでもあった。シャープは外部の「現実」と，夢や分析室での「ファンタジー」が，身体的かつ言語的「経験」の積み重ねの中で連動していることを前提に，個人的歴史が織り込まれた意味のネットワーク上の「語」をアクセスポイントとして，連動の接点を探り，ファンタジーと現実の往還や，反復のずらしや解消に使った。

ラカンは「フロイトに還れ」と言ったが，ラカン以降のフロイト像がラカンによって決定づけられた今，無造作にフロイトに還ろうとすると，わたしたちは「ラカン後のフロイト」に還ってしまいかねない。とくにシャープのようにラカンに結び付けられる分析家の場合，その危険は小さくない。ラカン以前のフロイトに還るのは，近代楽器成立以降のオーケストラで古楽器によるオリジナル演奏の再現を試みるようなことなのかもしれない。しかし，シャープの実践は，ラカン以前の，さらに対象関係論や自我心理学に分岐する前のフロイト派の実践であり，かつ古典派末期のものとして，フロイト派分析の核と言える夢分析の知見の積み重ねの上で，転移および逆転移の理解をもって行なわれた。言語化未然の情動や記憶をめぐって，ジェスチャーその他の身体ルートと言語的表象化へのルートの交錯を感知する点で，シャープはフロイトよりも即物的に精密な観察眼を持っていただろう。そういう資質の異なる分析家がフロイト理論をプラグマティックに使ったことは，精神分析の実用性を改めて考えさせる。シャープの記録は，繰り返される「再演」として患者の言動を見，夢の内外にわたる大小の反復を，週５回通ってくる患者たちから拾い上げた，現代では再現しえない条件下での貴重な史料というだけではない。分析界で偽装を要した「外部」としてのシャープは，フロイトが自ら敷いた分析臨床の決まりを破っていたように，「内部」に属していればこそ曖昧にされえた部分を曖昧にしなかった（Little 1990; Rycroft 1985; Roazen 2000; Hopkins 2008; Rudnytsky 2013）。それはシャープの実践の記録を，いわば例外的に録音状態のよい同時代人による正確な古楽器演奏にし，そこにはシャープが理論としては語らなかった，ラカン以前のフロイト派の実践の「かた」が，スナップショットのようにも，ビデオ映像のようにも記録されており，認知言語学，心理言語学，脳神経科学，認知心理学に接続可能な姿を見せている。

理論を語らなかったシャープをあえて理論的に読もうとすれば，注目すべきは，「身体自我」の記憶の「ドラマ化」をめぐる観察と言語発達やジェスチャー研究のつながり（マクニール 1972; 1990; フォン・ラフラー＝エンゲル 1981; 喜多 2002; 斎藤 & 喜多 2002; Kita & Özyürek 2003），「記憶に残そうにも幼すぎる時期の身体記憶」とレトリックをめぐる言語の関係（Modell 2001; 2005; 2009; Mancia 2007; 岩田 1988），「プログラム・ドリーム」的読みや記憶の想起と情動のあらわれの前後関係をめぐる観察と，認知と意識の時間的関係とを関連付けてみることだろうし（リベット 2005; Johansson & Hall 2005; 2006; Hall, Johansson & others 2010），言うまでもなく，シャープをめぐってすでに指摘されている「身体」の重みを，精神分析理論における身体論に留めず，認知言語学が言語の基盤としてとらえた身体とすり合わせてみることだろう（山梨 2002; 2012; 松本 2003; ギブズ 2008; テイラー 2008; Langacker 2008; ラネカー 2011）。

シャープ的「わたし」の可塑性

シャープは急死したとき，*Talks to Students of Psycho-Analysis*（精神分析を

学ぶ人へ）と題された本の第１章だけ，“The Psycho-Analyst（精神分析家）”として仕上げていた。その最後に，「おそらく，わたしが精神分析家を選んでいちばんよかったと思うのは，あらゆるタイプのひとびとの経験の豊かなバラエティーが，わたしの一部になることです。それは分析家の仕事をしていなければ，経験においても理解においても，死すべき運命にあるこのひとつの命では，決して自分のものにできなかったはずのものなのです」（傍点訳者）とある（Sharpe 1950）。シャープの言語世界は「個人の経験」が基盤だが，その経験の出処は問われていない。情動を伴って「わたし」を通過した経験であれば，ファンタジーとしての経験であっても，他者の経験であっても，「わたしの一部」になりうる。とすると，本書第２章でフロイトの「圧縮」の説明に窺われるシャープ的「わたし」は，非常に高い可塑性を持つことになる。「観測しうるデータの幅が広いほど，そこから引き出される推論の正当性は高くなる」という前提で，分析がうまくゆけば，過去の誤った推論も，知ることも受け入れることもできなかった現実も意識化されて自我が境界を拡げ，「圧縮という無意識のメカニズムがより広い経験に基づいて作用するようになり，それによって知的活動がデータの主観的選別によって左右される度合いも下がり，無意識の欲望や恐怖に支配されて軽率な公式化に駆り立てられることもなくなる」という「わたし」は，経験値に基づいて極力偏りなく判断を行なう「わたし」だが，その経験は他者由来でもよいというのだから。

そのような「わたし」が，いったい「自分」でありうるのか，と思う人がいても無理はない。実際，マーガレット・リトルは，そこでひっかかっている（Little 1951; 1990; Morley 2007）。リトルは自身が受けたシャープの分析に不満で，シャープの死後にウィニコットの分析を受けて治癒に至った精神病レベルの患者として，後年，自らを振り返り，シャープがエディプスと幼児性欲という古典的フロイトの図式でしか解釈しえなかったことを，最終的には「時代的限界」とみなした。リトルの批判は強烈だがシャープを貶めるような意図はなく，シャープとの分析を振り返った信用のおける証言だと思われる。一方でシャープも 1940 年の "Cautionary Tales（教訓譚）" でリトルのケースに触れており，双方の記述が見られる点でも貴重な症例だ。加えてリトルは，シャープの死による分析中断の数年後，この分析中に生じた，リトルの父親の死をめぐる分析家の逆転移を論文にしてもいる（Little 1951）。

リトルは「「なにものか」でありたかったのです，つまりほんものの人，だれでもないような人ではなく，わたしがそう感じていたような，存在を完全に無視された人ではなく（I wanted to be "somebody," meaning to be a real person, not nobody, or an un-person, as I felt I was.）」と訴え，シャープとの分析では「ほんとうの記憶を話せば，それはファンタジーだと言われ，ファンタジーを語れば，それは現実への逃避だと言われた」と振り返る。しかし，情動の動く経験であれば，それが現実の記憶かファンタジーかを区別する必要はないとし，さらに経験の典拠は他者でもよいというシャープの「わたし」は，「ほんとうのわたし」を求めるリトルや，ウィニコットのそれのような「ほんとう / 偽り」に分かれる「わたし」ではない。分析は噛み合いようがなかっただろう。シャープは「ほんとうのわたし」を求めるのではなく，真偽の二項対立を超えたところでよりよいドラマの上演を目指した。たとえば「分析家シャープ」を演じ続けるように。

フロイトは精神分析を「考古学」にたとえたが，岡田温司はこのメタファーの変遷を辿って，「精神の考古学」によって発掘されるものの「事実」としての現実性が徐々に疑われ，それが「現実」であることを必要とされなくなった過程を示し，次のように記している。

> 治療および技法としての分析の仕事は，ここにおいて，はっきりと「構成（Konstructionen）」（「構築」と訳されることもある）の問題として規定される。それは「解釈（Deutungen）」とは区別されるもので，時間的というより論理的に「解釈」に先行する。「解釈」は，顕在から潜在へ，表層から深層へとさかのぼっていく。以前のフロイトでは，この時間的な遡及こそが，考古学メタファーとして語られていた。だがい

> まや，歴史的で再現表象的な正確さはそれほど重要な問題ではない。「構成」において問題となるのは，むしろ分析のシチュエーション（分析家と被分析者の「二つの部分のあいだの結びつき」）であり，その生産性である。「構成」が，過去の実際の出来事や心的空想に一致しているかどうかということ，それは，本質的な問題ではなくなるのだ。第一，一致や同一性を保証するものなど，実のところどこにもない。それゆえ「構成」は，真か偽かという図式的な二項対立をも超えている。言い換えるなら，分析技法における「構成」は事実確認的（コンスティティヴ）というよりも，行為遂行的（パフォーマティヴ）な言表となるのである（岡田 2008）。

「分析家シャープ」は，真偽の二項対立を超える舞台でまさしくパフォーマティブに構成され，演じられていた。実践においても，同じく真偽を問わない身軽さで精神分析を利用するプラグマティスト，シャープは，その実用性ゆえに「退屈」でもある。本書の「分析終了間近の人」や「分析済みの人」が夢を語るモードは退屈だ。ライクもラカンも，一言にすれば「それでいいのか」と問うわけだが，気持ちはわかる。だが，シャープは現に「分析家シャープ」として，現実におけるパフォーマンスをもって成立し，成功していた。それが，ライクやラカンの問いに対してシャープが身をもって示す答えなのであり，精神分析の実用性を示す模範演技でもあるのだ。

シャープは時代の現実が織り込まれたものであるフロイト派のスクリプトを，時代の現実におけるパフォーマティブな利用に適したものとして，その実用性ゆえに使った。「幼い娘を足元にシェイクスピアを読む父を，早くに亡くして教員の道へ」という，当時の決まり文句とエディプス的父親像の組み合わせが，現に「文学的」な「分析家シャープ」像を構成する上で機能したように。外部からブルジョア文化である分析界にやってきたシャープは，1つの文化として時代に拘束される精神分析を，その時代性ごと利用するというプラグマティズムを発揮した。その結果が，時代のはるかに先を行くクリーンなアプローチと，当時すでに「古めかしい」と見られた解釈の組み合わせだった。それは精神分析を，時代を超えた普遍的理論に落とし込もうとする作業とは完全に逆行する，逆接的な時代性の剥離だったのである。

この翻訳は，そもそも新宮一成先生が思いつかれたことで，だいぶ昔の話になる。結局ひとりで訳すことになるとは思わなかった。優柔不断のために編集の永田悠一さんにはご面倒をおかけした。シャープをめぐって右往左往する間，さまざまに励まし，助けてくださったみなさまにお礼を申し上げたい。

Ella Sharpe の著作（＊は *Collected Papers on Psycho-Analysis* 収録）

著書（単著）

Collected Papers on Psycho-Analysis, Ed. Brierley, Marjorie, Brunner/Masel, 1978(1950).

Dream Analysis: A Practical Handbook for Psychoanalysts, Karnac Books, 1988(1937).

共著

"Planning for Stability," *On the Bringing up of Children*, Ed. Rickman, John, Kegan Paul, 1936. 1-30.

"Vocation," *Social Aspects of Psycho-Analysis*, Ed. Jones, Earnest, Williams & Norgate, 1924, 209-40.

未完の著書

"The Psycho-Analyst," *International Journal of Psycho-Analysis* 28 (1947): 1-11. ＊

論文

"An Unfinished Paper on Hamlet: Prince of Denmark," *International Journal of Psycho-Analysis* 29 (1948): 98-109. ＊

"From King Lear to The Tempest." *International journal of psycho-analysis* 27.1-2 (1945): 19-30. ＊

"Cautionary Tales," *International Journal of Psycho-Analysi*s 24 (1943): 41-45. ＊

"Psycho-Physical Problems Revealed in Language: An Examination of Metaphor," *International Journal of Psycho-Analysis* 21 (1940): 201-213. ＊

"Similar and Divergent Unconscious Determinants Underlying the Sublimations of Pure Art and Pure Science," *International Journal of Psycho-Analysis* 16 (1935): 186-202. ＊

"The Technique of Psycho-Analysis," *International Journal of Psycho-Analysis* 11 (1930): 251-77. ＊

"Certain Aspects of Sublimation and Delusion." *International Journal of Psycho-Analysis* 11 (1930): 12-23. ＊

"The Impatience of Hamlet," *International Journal of Psycho-Analysis* 10 (1929): 270-79. ∗

"Francis Thompson: A Psychoanalytical Study," *British Journal of Medical Psychology* 5.4 (1925): 329-44. ∗

"Contribution to Symposium on Child Analysis," *Collected Papers on Psycho-Analysis*.: Hogarth Press, 1950. ∗

未完の論文

"An Unfinished Paper on Hamlet: Prince of Denmark." *International Journal of Psycho-Analysis* 29 (1948): 98-109. ∗

書評

"*The Psycho-Analytical Treatment of Children*: By Anna Freud (Imago Publishing Co. Ltd., 1946, Pp. 98, Price 10 S. 6)," *International Journal of Psycho-Analysis* 27 (1946): 156-58.

"*The Psychology of Self-Consciousness*: By Julia Turner, BA (Lond.) (Kegan Paul, Trench, Trübner & Co., 1923. Pp. 243.)," *International Journal of Psycho-Analysis* 6 (1925): 78-79.

その他

"A Note on the Magic of Names," *International Journal of Psycho-Analysis* 27 (1946): 152. ∗

"What the Father Means to a Child," *The New Era in Home and School* 26 July-August (1945): 149-53.

"Feminine Development: Is Co-Education a Help or Hindrance?" *The New Era in Home and School*, April (1937): 109-11.

欧文文献

Abbott, Edwin Abbott & John Robert Sir Seeley. *English Lessons for English People*, Seeley, 1894.

Ahumada, Jorge. L. *Insight: Essays on Psychoanalytic Knowing*, Routledge, 2011.

Alexander, Sally, "Psychoanalysis in Britain in the Early Twentieth Century; AN Introductory Note," *History Workshop Journal* 45 (1998): 135-143.

Appignanesi, Lisa & Forrester, John, *Freud's Women*, Other Press, 1992.

Arlow, Jacob A. "Metaphor and the Psychoanalytic Situation," *Psychoanalytic Quarterly*, 1979.

Bellhouse, E. T. "The Coffee-House Movement," *Transactions of the Manchester Statistical Society 1879-1880*. (1880): 115-27.

Boll, Theophilus. "May Sinclair and the Medico-Psychological Clinic of London," *Proceedings of the American Philosophical Society* (1962): 310-26.

Burnett, John. *Destiny Obscure: Autobiographies of Childhood, Education and Family from the 1820s to the 1920s*, Routledge, 2013.

Bynum, William F. "Alcoholism and Degeneration in 19th Century European Medicine and Psychiatry," *British Journal of Addiction* 79 (1984): 59-70.

Colley, Linda. "Shakespeare and the Limits of National Culture," Royal Holloway, University

of London Egham, 1999.
Crowther, M. A. *The Workhouse System, 1834-1929: The History of an English Social Institution*, Methuen, 1983.
Croce, Benedetto. *Æsthetic as Science of Expression and General Linguistic*, Tr. Douglas Ainslie, Macmillan, 1909.
Decker, Hannah S. "The Medical Reception of Psychoanalysis in Germany, 1894-1907," *Bulletin of the History of Medicine* 45 (1970): 461-481.
———. "The Interpretation of Dreams: Early Reception by the Educated German Public," *Journal of the History of the Behavioral Sciences* 11 (1975): 129-141.
Edwards, Elizabeth. *Women in Teacher Training Colleges, 1900-1960: A Culture of Femininity*. Women's and Gender History, Routledge, 2001.
Elkind, Sue Nathanson. *Resolving Impasses in Therapeutic Relationships*, Guildford Press, 1992.
Etchegoyen, R Horacio. *The Fundamentals of Psychoanalytic Technique*, Karnac Books, 2005.
Flanders, Sara. *The Dream Discourse Today*, Routledge, 2005.
Freud, Sigmund. *The Interpretation of Dreams*, Tr. A. A. Brill. 1932. *The Interpretation of Dreams*, Tr. Strachey, J., Standard Edition IV & V, Hogarth Press, 1953; *Die Traumdeutung*, S. Fischer, 1989.
Gardner, D. E. M. *Susan Isaacs*, Methuen Educational, 1969.
Grosskurth, Phyllis. *Melanie Klein: Her World and Her Work*, Harvard University Press, 1986.
Hall, Lars, et al. "Magic at the Marketplace: Choice Blindness for the Taste of Jam and the Smell of Tea," *Cognition* 117.1 (2010): 54-61.
Harris, José. *Private Lives, Public Spirit: A Social History of Britain, 1870-1914*, Oxford University Press, 1993.
Harrison, Brian Howard. *Drink and the Victorians: The Temperance Question in England, 1815-1872*, University of Pittsburgh Press, 1971.
Hinshelwood, R. D. "Psychoanalysis in Britain: Points of Cultural Access, 1893-1918," *International Journal of Psycho-Analysis* 76 (1995): 135-151.
Holland, Norman N. "An Extension of George Lakoff's How Unconscious Metaphorical Thought Shapes Dreams," *PsyArt*: A Hyperlink Journal for the Psychological Study of the Arts (2001a).
Holmes, Jeremy. "Obituary: Dr Charles Rycroft," *The Independent*, 6 June 1998.
Hopkins, Linda. *False Self: The Life of Masud Khan*. Karnac Books, 2008.
Hughes, Judith M. *Reshaping the Psychoanalytic Domain*, University of California Press, 1989.
Issroff, Judith, Christopher Reeves, & Bruce Hauptman. *Donald Winnicott and John Bowlby: Personal and Professional Perspectives*, Karnac Books, 2005.
Jacobus, Mary. *The Poetics of Psychoanalysis: In the Wake of Klein*, Oxford University Press, 2005.

Johansson, Petter, et al. "Failure to Detect Mismatches between Intention and Outcome in a Simple Decision Task," *Science* 310.5745 (2005): 116-19.

Johansson, Petter, et al. "How Something Can Be Said About Telling More Than We Can Know: On Choice Blindness and Introspection," *Consciousness and Cognition* 15.4 (2006): 673-92.

Johnson, Mark. *The Body in the Mind: The Bodily Basis of Meaning, Imagination, and Reason*, University of Chicago Press, 1990.

Jones, Earnest. "James Glover 1882-1926," *International Journal of Psycho-Analysis* 8 (1927): 1-9.

———. *Papers on Psycho Analysis*. Beacon Press, 1961 (1912).

Jones, Lance G. E. *The Training of Teachers in England and Wales: A Critical Survey*, Oxford University Press, 1924.

King, Pearl & Steiner, Riccardo. *The Freud-Klein Controversies, 1941-45*. Routledge, 1991.

Kita, Sotaro & Asli Özyürek. "What Does Cross-Linguistic Variation in Semantic Coordination of Speech and Gesture Reveal?: Evidence for an Interface Representation of Spatial Thinking and Speaking." *Journal of Memory and Language* 48.1 (2003): 16-32.

Klein, Melanie. *Narrative of a Child Analysis: The Conduct of the Psychoanalysis of Children as Seen in the Treatment of a Ten Year Old Boy*, Random House, 1961.

———. *The Psycho-Analysis of Children*, Vintage, 1997.

Klein, Melanie; Heimann, Paula; Isaacs, Susan; Heimann, Paula. *Developments in Psychoanalysis*, Hogarth Press, 1962.

Lacan, Jacques. *Le Séminaire livre VI*：*Le désir et son interprétation*, Editions de la Martinièr, 2013.

Lakoff, George. *Philosophy in the Flesh*, Basic Books, 1999.

———. "Metaphor and Psychoanalysis: Cognitive Linguistics", *PsyArt*: A Hyperlink Journal for the Psychological Study of the Arts (2001).

Lakoff, George & Johnson, Mark. *Metaphors We Live By*, University of Chicago Press, 2003.（ジョージ・レイコフ&マーク・ジョンソン『レトリックと人生』（大修館書店）渡部昇一 , 楠瀬淳三 , 下谷和幸訳 , 1986.）

Langacker, Ronald W. *Cognitive Grammar: A Basic Introduction*, Oxford University Press, 2008.（ロナルド・W・ラネカー『認知文法論序説』（研究社）山梨正明訳 , 2011.）

Letley, Emma. *Marion Milner: The Life*, Routledge, 2014.

Lincoln, Jackson Steward. *The Dream in Primitive Cultures*, 1935.

Little, Margaret I. "Counter-Transference and the Patient's Response to It", *International Journal of Psychoanalysis* 32 (1951): 32-40.

———. *Psychotic Anxieties and Containment: A Personal Record of an Analysis with Winnicott*, Northvale, 1990.（マーガレット・リトル『ウィニコットとの精神分析の記録　精神病水準の不安と庇護』（岩崎学術出版社）神田橋條治訳 , 2009.）

Maddox, Brenda, *Freud's Wizard: The Enigma of Ernest Jones*, John Murray, 2006.

Magee, Maggie & Miller, Diana C. *Lesbian Lives: Psychoanalytic Narratives Old and New*, Routledge, 2013.

Malinowski, J. E. & Horton, C. L. "The Effect of Time of Night on Wake - Dream Continuity," *Dreaming* 24 (2014): 253-269.

Mancia, Mauro. *Psychoanalysis and Neuroscience*, Springer, 2007.

Marcus, Laura. *Sigmund Freud's the Interpretation of Dreams: New Interdisciplinary Essays*, Manchester University Press, 1999.

Meltzer, Donald. *Dream-Life: A Re-Examination of the Psycho-Analytical Theory and Technique*, Karnac Books, 1984.（ドナルド・メルツァー『夢生活』（金剛出版）新宮一成，福本修，平井正三訳，2004.）

Modell, Arnold H. "Metaphor and Psychoanalysis: Reflections on Metaphor and Affects," *PsyArt*: A Hyperlink Journal for the Psychological Study of the Arts (2001).

———. "Emotional Memory, Metaphor, and Meaning," *Psychoanalytic Inquiry* 25.4 (2005): 555-68.

———. "Metaphor—The Bridge between Feelings and Knowledge", *Psychoanalytic Inquiry* 29.1 (2009): 6-11.

Morley, Robert. "Dr Margaret I. Little," *The Analysand's Tale*, Karnac Books, 2007, 185-96.

Netzer, Carol. "Annals of Psychoanalysis: Ella Freeman Sharpe," *Psychoanalytic Review* 69-2, Summer (1982): 207-19.

Nicholls, James. *The Politics of Alcohol: A History of the Drink Question in England*, Manchester University Press, 2009.

Nunn, David, Britannia Calls: *Nottingham Schools and the Push for Great War Victory*, Knowle Hill Publishing, 2010.

Payne, Sara, *The Gurteens of Haverhill: Two Hundred Years of Suffolk Textiles*, Woodhead-Faulkner, 1984.

Payne, Sylvia, M. "Ella Freeman Sharpe—an Appreciation", *International Journal of Psycho-Analysis* 28 (1947): 54-56.

Pierce, Lara J, et al. "Mapping the Unconscious Maintenance of a Lost First Language," *Proceedings of the National Academy of Sciences* 111.48 (2014): 17314-17319.

Prescott, Frederick Clarke. "Poetry and Dreams," *Journal of Abnormal Psychology* 7.2 (1912): 104-143.

Quiller-Couch, Sir Arthur. *On the Art of Writing*, Cambridge University Press, 1923.

Raitt, Suzanne. "Early British Psychoanalysis and the Medico-Psychological Clinic," *History Workshop Journal* 58.1 (2004): 63-85.

Rapp, Dean. "The Early Discovery of Freud by the British General Educated Public, 1912-1919," *Social History of Medicine* 3.2 (1990): 217-243.

Rayner, Eric. *The Independent Mind in British Psychoanalysis*, Free Association Books Ltd.,

1991.
Reik, Theodor. "Dream Analysis: By Ella Freeman Sharpe, Hogarth Press, London, 1937. Pp. 211. Price," *International Journal of Psycho-Analysis* 19 (1938): 245-49.
Richards, Ivor Armstrong, *The Philosophy of Rhetoric*, Oxford University Press, 1936.
Roazen, Paul. *Oedipus in Britain: Edward Glover and the Struggle over Klei*n, Other Press, 2000.
Robinson, Wendy. *Pupil Teachers and Their Professional Training in Pupil-Teacher Centres in England and Wales, 1870-1914*, Edwin Mellen Press, 2003.
Rodman, F. Robert. *Winnicott: Life and Work*, Da Capo Press, 2004.
———. *The Spontaneous Gestures: Selected Letters of DW Winnicott*, Karnac, 1987.
Rudnytsky, Peter L. *Psychoanalytic Conversations: Interviews with Clinicians, Commentators, and Critics*, Routledge, 2013.
Rycroft, Charles. *The Innocence of Dreams*, Pantheon Books, 1979.
———. *Psychoanalysis and Beyond*, Ed. Peter Fuller, University of Chicago Press, 1985.
Sharpe, Ella, et al. *Ella Sharpe lue par Lacan: Textes choisis et commentaires*, Hermann, 2007.
Simon, Brian. *Education and the Labour Movement, 1870-1920*. Studies in the History of Education, Vol. [2]: Lawrence & Wishart, 1965.（ブライアン・サイモン『教育と労働運動』（亜紀書房）イギリス教育史２（1870-1920年）成田克矢訳 , 1980.）
Strachey J. & Strachey A. *Bloomsbury/Freud: The Letters of James and Alix Strachey*, 1924-1925, Basic Books, 1985.
Taylor, Clare L. "Sharpe, Ella Agnes Freeman," *Oxford Dictionary of National Biography*, Oxford University Press, 2004.
Wahl, Charles William. "Ella Freeman Sharpe 1875-1847," *Psychoanalytic Pioneers*, Ed. Alexander, Franz; Eusenstein, Samuel; Grotjahn, Martin, Basic Books, 1966, 265-71.
Wardle, David. *Education and Society in Nineteenth-Century Nottingham*, Cambridge University Press, 1971.
Weekley, Ernest. *The Romance of Words*, J. Murray, 1917.
Whelan, Maurice, ed. *Mistress of Her Own Thoughts: Ella Freeman Sharpe and the Practice of Psychoanalysis*, Rebus Press, 2000.
Widdowson, Frances. *Going up into the Next Class: Women and Elementary Teacher Training, 1840-1914*, WRRC, 1980.
Will, Herbert. "Panel Report: Emigration from Berlin Part One: Transfer of theories and institutional regulations," *International Journal of Psycho-Analysis* 89 (2008): 413-416.
Willis, George. *The Philosophy of Speech*, G. Allen & Unwin, 1919.
Willoughby, Roger, *Masud Khan: The Myth and the Reality*, Free Association Books, 2005.
Winnicott, D. W. "Ego Distortion in Terms of True and False Self," *Maturational Processes and the Facilitating Environment* 1965 (1960): 140-52.
Wood, Alfred Cecil. *A History of the University College, Nottingham, 1881-1948*, BH Blackwell,

1953.
Woodbridge, Adrian, *Measuring the Mind*, Cambridge University Press, 1994.
Worthen, John, *DH Lawrence: The Early Years 1885-1912*, Cambridge University Press, 1992.

邦文文献

岩田純一「「比喩ル」の心　比喩の発達の観点から」,『比喩と理解』(東京大学出版会),1988: 161-87.
岡田温司『フロイトのイタリア : 旅・芸術・精神分析』(平凡社), 2008.
川田昇『イギリス親権法史 : 救貧法政策の展開を軸にして』(一粒社), 1997.
喜多壮太郎『ジェスチャー　考えるからだ』(金子書房), 2002.
衣笠隆幸「対象関係論における夢の理論」.『imago』(青土社), 1991: 46-53.
斎藤洋典, 喜多壮太郎『ジェスチャー・行為・意味』(共立出版), 2002.
滝内大三『イングランド女子教育史研究』(法律文化社), 1994.
西村義樹・野矢茂樹『言語学の教室　哲学者と学ぶ認知言語学』(中央公論新社), 2013.
野間俊一「Georg Groddeck の思想とその再評価」,『臨床精神病理』18.2 (1997): 191-98.
真壁宏幹『西洋教育思想史』(慶應義塾大学出版会), 2016.
松本曜『認知意味論』(大修館書店), 2003.
山梨正明『認知言語学原理』(くろしお出版), 2000.
――― .『認知意味論研究』(研究社), 2012.
レイモンドB・ギブズ Jr『比喩と認知　心とことばの認知科学』(研究社) 辻幸夫、井上逸兵監訳, 2008.
ジョン・R・テイラー『認知文法のエッセンス』(大修館書店) 瀬戸賢一訳, 2008.
ジル・ドスタレール『ケインズの闘い』(藤原書店) 鍋島直樹、小峯敦監訳, 2008.
スティーヴン・ハンフリーズ『大英帝国の子どもたち』(柘植書房) 山田潤他訳, 1990.
ミシェル・フーコー『知への意志』(新潮社) 渡辺守章訳, 1986.
ピエール・ブルデュー『遺産相続者たち　学生と文化』(藤原書店) 石井洋二郎監訳, 1997.
W・フォン・ラフラー=エンゲル『ノンバーバル・コミュニケーション　ことばによらない伝達』(大修館書店) 本名信行, 井出祥子, 谷林真理子訳, 1981.
デイビッド・マクニール『ことばの獲得　発達心理言語学入門』(大修館書店) 佐藤方哉, 松島恵子, 神尾照雄訳, 1972.
――― .『心理言語学　「ことばと心」への新しいアプローチ』(サイエンス社) 鹿取廣人, 重野純, 中越佐智子, 溝渕淳訳, 1990.
マーガレット・リトル『原初なる一を求めて　転移神経症と転移精神病』(岩崎学術出版社) 神田橋治, 溝口純二訳, 1998.
ベンジャミン・リベット『マインド・タイム　脳と意識の時間』(岩波書店) 下條信輔訳, 2005.

史料

"Birth & Death Certificates"
"England & Wales Calendars of the Grants of Probate and Letters of Administration"
"England & Wales Censuses"
Hucknall Torkard P. T. C. *Florence Golding Scrapbook,* 1912: Nottinghamshire Archives.
Nottingham Café Company Limited. "Company No: 11469; Nottingham Cafe Company Ltd. Incorporated in 1877," Records of the Companies Registration 1877-: National Archives.
Nottingham Workhouse. "Nottingham Workhouse Admission & Discharge Register 1908-9": Nottinghamshire Archives.
———. "Nottingham Workhouse Death Register 1908-1914": Nottinghamshire Archives.
University College Nottingham. *University College Nottingham Calendar for the Fifteenth Session 1895-96*, University College Nottingham, 1895.
———. *University College Nottingham Calendar for the Sixteenth Session, 1896-97*, University College Nottingham, 1896.
———. *University College Nottingham Calendar for the Seventeenth Session*, University College Nottingham, 1897.

付録　本書で語られた夢一覧

ページ	夢	見所
8, 66, 145	〈音楽〉	修辞法。喪失に直面しての願望充足。
11	〈絹の布切〉	詩的語法におけるメトニミー。人に関わることを人からモノへ移動。
12	〈デッキチェア〉	移動（メトニミー）。
15	〈K.OH〉または〈S.O.S.〉	オノマトペ。
21	〈中庭（courtyard)〉	音声とその表記。
21	〈食べ物に触る（feeling)〉	抑圧された「触覚」経験
23	〈サーロインが切り分けられる〉	子どもが肩書きの「サー（Sir)」から類推。
24	〈食事が終わっている（all over)〉	「all over」の第 1 の意味（＝散乱させる）
24	〈コウモリ〉	幼児期のインフルエンザ罹患時に不安神経症の時期特定。この子にとっての「flu」の意味。
31, 32	〈セイウチの船首像の灯船〉	圧縮。
36	〈X で泳いでいる〉	移動による不安の中和達成。
37	〈開いた窓から窓辺の女性を見ている〉	逆転による移動。
38	〈ボウルのゲーム〉	移動。
39	〈水玉模様のベール〉	対象からそれを覆うモノへの情動の移動。
39, 53	〈モルダウ〉	不幸な記憶や情動を幸福な記憶で補償。願望が明かされる。かろうじての二次加工。
40	〈赤ちゃんのスリッパ〉	「部分」を「全体」の代わりにするメカニズム。シネクドキ。
41	〈転落（falling）の危険〉	勃起して萎える，および便の放出という身体経験の象徴化。
42	〈ヒューズの子？〉	語呂合わせ。逆転のメカニズム。
42	〈銀紙〉	圧縮。移動。
46, 47	〈列車〉	象徴化。
50	〈ダフネ〉	アンビバレンス。死を望むことをめぐる葛藤。破壊と再生への全能的欲望。

付録　本書で語られた夢一覧

ページ	夢	見所
51, 76	〈バタンインコ〉	異なる心的局面のドラマ化。
52	〈別の家〉	「別の家」への投影による不安のコントロール，換言すれば身体の象徴化。
53, 139	〈魔法使い〉	夢をもたらした「刺激」の価値。
60	〈竹馬〉	幼児期の抑圧されたトラウマの分析家への転移。
62, 63	〈映画のために演技している〉	目と耳による原光景の記録
65	〈上首尾の性交〉	潜在思想を引き出すことの価値。
66	〈乳母車の中にいる〉	この願望の持つ意味。
66, 149	〈エンジンが静止している〉	精神的重度難聴の少女の最初の夢。
66	便宜の夢	睡眠中の身体経験。
72	〈花を摘んでいる〉	自慰的活動。
72	〈(自分が) 走っている〉	父親の排尿を見ながら排尿した乳児期の抑圧された経験
72	〈静止しているのに移動中〉	排尿の経験。
73	〈室内に水が一気に流れ込んでくる〉	尿と誕生に関わる不安。
73	〈エレベーターの中にいる〉	身体経験の記録。
73	〈車がガレージに入っていく〉	抑圧された幼児期の経験。
74	〈通路がモップがけされている〉	耳のトラブルという発達初期の経験。
76	〈寝場所確保の困難〉	両親のベッドを汚したという抑圧された乳児期経験。
77	〈５日間〉	夫婦間に性的プレイはあるが性交がなく，したがって生殖の可能性がないことを明らかにする。
82, 143	〈フォークストーン〉	具体的な状況における子供時代のエディプス願望を明らかにする。
91	〈女性が黒で身を覆っている〉	抑圧された記憶。乳幼児期における女性の身体目撃が引き起こした攻撃性による不安。
96	〈ワインを欲しがっている〉	口唇的設定での「エディプス」的状況。
101	〈教会の中にいる〉	乳児期の新しい赤ちゃんと赤ちゃんをつくった母親への嫉妬を明らかにする。
104	〈家系図と九九の表〉	生殖ファンタジーの移動。
113, 114	〈世界中を周っている〉	自慰夢における力のファンタジー。隠されたエディプス願望。
131	〈外航船と飛行船〉	「現実」の刺激を否定する夢。
132, 133, 144	〈背の高い／ロフトっぽい家〉	記憶が意識に近づきつつある。
136	〈枕の下のまるいもの〉	大人としての生活における振る舞いを説明する抑圧された記憶。
138	〈聖母〉	ファンタジー。
139	〈英雄〉	エディプス・ファンタジー。

ページ	夢	見　所
140	〈動物園でのエサやり〉	今日的刺激の重要性。
142	〈聖なる女性〉	分析セッション中に示された視覚的経験と取り込みのメカニズム。
143	〈殺人〉	身体的な痛みの感覚が夢に意味を与える。
148	〈時計〉シリーズ	「ブレイクダウン」と部分的回復を予告する。
149, 150	3つの〈火〉の夢	心的メカニズムの違いと精神的状態の重篤度を示す。
152, 153	〈疲労〉を示す夢	身体的ブレイクダウンを予告する。
153	〈海〉と〈深い水〉	攻撃的欲望による不安を示す。
155	〈開けっぴろげ (above board)〉	分析的作業の進展を示す。
156, 157	〈演技している〉	精神的再適応を示す夢。
157	〈海底〉	
158	〈トカゲ〉	
158	〈ラウンジ〉	
159, 160	〈綿，糸，紐〉シリーズ	精神的再適応。
162, 163	〈車を運転している〉	超自我緩和の試み。
163	〈いたずらな子〉	
163	〈お漏らししている子〉	
163	〈X 氏が療養所にいる〉	取り込みの投影。転換ヒステリー症例における心的変化。
164, 165	〈よじ登って降りる〉	十分な根拠のある安心させる夢。
170	〈うんこする子〉	反駁も情動も生じず，大人としての活動に使えるエネルギーを生じる。
170	〈ドレスを見せようとする子〉	
171	〈エディプス〉	
177	〈最後の〉夢	愛する力，創造に向かう望み，死を前に自我を現実のうちに維持し慰撫する。

参考文献

Freud, Sigmund, *The Interpretation of Dreams*. Translated by James Strachey in the *Standard Edition of the Complete Psychological Works of Sigmund Freud*, Vols IV and V (London: The Hogarth Press, 1953; New York: W. W. Norton).

Groddeck, Georg, *The Meaning of Illness* (London: The Hogarth Press, 1977; New York: International Universities Press).

Jones, Ernest, *Papers on Psycho-Analysis* (London: Bailliere, 1948; Boston: Beacon Press, 1961).

Klein, Melanie, *The Psycho-Analysis of Children* (London: The Hogarth Press, 1975; Boston: Seymour Lawrence, 1976).

Lacan, Jacques, *The Four Fundamental Concepts of Psycho-Analysis* (London: The Hogarth Press, 1977; New York: W. W. Norton, 1978).

Lowes, J. Livingston, *The Road to Xanadu* (London: Constable, 1927).

Prescott, F. C. "Poetry and dreams." *The Journal of Abnormal Psychology*, Vol. 7(2), Jun-Jul 1912, 104-143.

Quiller-Couch, Sir Arthur, *On the Art of Writing. On* "the Difference between Verse and Prose" (London: Cambridge University Press, 1916).

Rank, O., and Sachs, H., *Die Bedeutung der Psychoanalyse für die Geisteswissenschaften*, No.93, Wiesbaden. (Trans.: *The Significance of Psychoanalysis for the Mental Sciences*, New York, 1916).

Weekley, Ernest, *The Romance of Words* (London: Murray, 1912).

Willis, George, *The Philosophy of Speech* (London: Allen & Unwin, 1920).

人名・組織名索引

Bradley and Seeley　7
C・J・M・ハバック（Hubback, C. J. M.）　52
アナ・フロイト（Freud, Anna）　129
アボット，E.A.（Abbott, Edwin Abbott）　7
イェーツ（Yeats, William Butler）　68
ウィニコット，D. W.（Winnicott, D. W.）　iii
英国精神分析協会　vii
カーン，マスード（Khan, Masud）　v
キングズリー（Kingsley, Charles）　14
クライン，メラニー（Klein, Melanie）　viii，26，45，48，49，129
グラバー，エドワード（Glover, Edward）　vii
グロデック，ゲオルク（Groddeck, Georg）　iv
コールリッジ（Coleridge, Samuel Taylor）　v，33，34
ザックス，ハンス（Sachs, Hanns）　iii
シェイクスピア（Shakespeare, William）　9，36，49
ジェイコブス，メアリー（Jacobus, Mary）　178
ジェイムズ・アンソール（Ensor, James）　138
ジェイン・オースティン（Austen, Jane）　104
ジョージ・ウィリス（George Willis）　18
ジョーンズ，アーネスト（Jones, Ernest）　vii，1，44，48，53，57
ジョンソン，マーク（Johnson, Mark）　16
ジョン・リビングストン・ルイス（John Livingston Lowes）　33
ジルベラー，ヘアバート（Silberer, Herbert）　66
J・スチュワード・リンカン（Lincoln, J Steward）　2
ストレイチー，ジェイムズ（Strachey, James）　181
ダーウィン（Darwin, Charles）　iv
ターナー（Turner, Joseph Mallord William）　3
ディケンズ（Dickens, Charles）　39，53
テニスン（Tennyson, Alfred）　6，25，153
フロイト，ジークムント（Freud, Sigmund）　iii-v，vii，1，6，23，33，35，44，48，51，52，55，57，58，63，66，72，144，149
ペイン，シルビア（Payne, Sylvia）　iii，vii，28，136
マンツィア，マウロ（Mancia, Mauro）　72

事項索引

ア　行

カ　行

サ　行

タ　行

ナ 行

ハ 行

マ　行

ヤ　行

ラ　行

ワ　行

著者略歴

エラ・シャープ（Ella F. Sharpe）

1875年生まれ。見習い教員・公立学校国語教員・見習い教員センターでの校長相当職をへて40代で精神分析に入門。ハンス・ザックスに分析を受ける。フロイト派精神分析家。英国精神分析協会正会員。治療だけでなく分析家の養成に大きく貢献した。1947年死去。

訳者略歴

松本由起子（まつもと ゆきこ）

京都大学大学院教育学研究科臨床心理学専攻博士課程中退。東京大学大学院総合文化研究科超域文化科学専攻博士課程単位取得退学。日本学術振興会研究員，英国タビストック・クリニック留学，社内通訳等をへて，北海道医療大学心理科学部講師，翻訳・通訳者。専門は精神分析成立期から初期の家族と教育。

著書に『表象のディスクール3　身体――皮膚の修辞学』（分担執筆，東京大学出版会，2000）。

夢分析実践ハンドブック

2017年9月20日　第1版第1刷発行

著　者　エラ・シャープ
訳　者　松本由起子
発行者　井村寿人

発行所　株式会社　勁草書房（けいそう）

112-0005　東京都文京区水道2-1-1　振替　00150-2-175253
電話（編集）03-3815-5277／ＦＡＸ　03-3814-6968
電話（営業）03-3814-6861／ＦＡＸ　03-3814-6854
港北出版印刷・松岳社

ISBN978-4-326-25121-6　Printed in Japan